Franjo Terhart
Ich – Grace O'Malley

Der Autor:
Franjo Terhart wurde 1945 in Essen geboren. Er unterrichtete einige Jahre Latein und Philosophie u. a. an einer Waldorfschule und ist seit 1985 für den WDR und verschiedene Zeitungen tätig. Im Rundfunk wurde er vor allem wegen seiner skurrilen Geschichten für die Sendung ›Ohrenbär‹ bekannt. 1982 verlieh ihm seine Heimatstadt den ›Kulturpreis für Lyrik‹. Seit 1990 ist Franjo Terhart Kulturbeauftragter der Stadt Neukirchen-Vluyn.

Franjo Terhart

Ich – Grace O'Malley

Die abenteuerliche Geschichte
einer irischen Piratin

Deutscher
Taschenbuch
Verlag

Die Bilder auf den S. 12, 25, 76, 91, 157 und 162 stammen vom
Verfasser; die Karte auf S. 6 sowie die Bilder auf den S. 115 und
152 wurden mit freundlicher Genehmigung dem Buch ›The
Life and Times of Grace O'Malley‹ von Anne Chambers, Wolf-
hound Press, Dublin 1983, entnommen.

Ungekürzte Ausgabe
Juni 1995
Deutscher Taschenbuch Verlag GmbH & Co. KG, München
© 1991 Georg Bitter Verlag KG, Recklinghausen
ISBN 3-7903-0415-8
Umschlaggestaltung: Klaus Meyer
Umschlagbild: Ulrike Heyne
Gesetzt aus der Aldus 10/11˙
Gesamtherstellung: Kösel, Kempten
Papier: ›Recycling Book-Paper‹,
Steinbeis Temming Papier GmbH, Glückstadt
Printed in Germany · ISBN 3-423-70366-0

Für Jane

*Die Provinz Connacht im westlichen Irland – der Einfluß-
bereich Grace O'Malleys*

Inhalt

1 Sean O'Faolains Vorspruch

Der Himmel glich einem alles zerreißenden Höllenschlund. Dunkle Sturmeswolken türmten sich zu Bergen drohenden Unheils übereinander auf. Das Licht der Sonne schien für immer vom Firmament verbannt zu sein. Ich ging hinaus und setzte mich auf eine Klippe nahe am Meer. Bis auf die Haut würde ich naß werden, wenn der Orkan losginge, das war mir klar. Aber ich liebe das Meer, wenn seine entsetzlichen Wogen die Küste berennen.

Soeben hatte ein englisches Schiff alle Segel gesetzt, um sich aus diesem Küstenbereich zu entfernen. Am Horizont wuchs unversehens ein kleiner Punkt und näherte sich dem Schiff allmählich mit wachsender Geschwindigkeit, vom Sturmwind getrieben. Der Orkan begann seinen grauenvollen Angriff. Der Himmel war jetzt so schwarz wie die Nacht. Das englische Kriegsschiff hatte alle Anker geworfen, um nicht auf die Felsen der Küste gefegt zu werden. Ungewollt mußte ich lachen. Was glauben eigentlich diese verdammten Engländer, wer sie sind? Bezwinger irischer Stürme? Welche Arroganz! Der Wind pfiff wütend aus allen vier Himmelsrichtungen und riß die Segel in Fetzen als seien sie Papier. Donnerschläge barsten inmitten der Blitze. Dazwischen schallte das hilflose Geschrei der Menschen an mein Ohr. Sie hockten auf einem treibenden Grab. Wie schäumende Berge warfen sich Gallonen des salzigen Wassers auf die Brücke des Schiffes, spülten Menschen über Bord. Das Schiff war verloren. Menschen ertranken oder wurden von umstürzenden Masten erschlagen. Ich hockte auf der Klippe und sah zu. Soll ein Ire denn denen noch helfen, die ihn peinigen? Die Engländer sind die Pest meines stolzen und schönen Irlands. Sie ersaufen zu sehen, bereitet mir nicht gerade Schmerzen. Und wer sollte auch imstande sein, sie bei dieser Gewalt des Himmels und des Meeres retten zu können?

Interessiert verfolgte ich, was weiter geschah. In dem Augenblick, da der Orkan seinen Höhepunkt erreicht hatte und das Kriegsschiff schon halb in den tosenden Fluten versunken war, sah ich einen energischen Kopf, die Haare lang, mit verzweifelter Mühe versuchen, sich über Wasser zu halten. Literweise schluckte dieser Mensch in Todesnähe Meerwasser. Mal versank er, wie ein Kork hin und hergeschleudert, mal tauchte er auf. Immer aber hielt er sein Auge ans rettende Ufer geheftet. Er wollte dem Tode trotzen. Eine klaffende Wunde, von der Spitze irgendeines verborgenen Riffes verursacht, zerriß sein Gesicht. Es war ein Mann. Vielleicht sogar der Kapitän des stolzen Engländerschiffes. Zum Tode verurteilt. Und trotzdem! Wie ich ihn dort auf Leben und Tod kämpfen sah im furchtbaren Wolfsrachen der See, da mußte ich an jene Unbesiegbare denken, die sooft in Todesgefahr gestanden hatte. Wie viele Schiffe mag sie sinken, wie viele Seeleute jämmerlich ertrinken gesehen haben?

Zwanzig Jahre ist es her, seit sie von uns ging: Grace O'Malley, Piratin und Beschützerin von Irland. Eine Frau, wie sie das Land bisher noch nicht gesehen hatte und wie es sie niemals wieder geben wird. Bollwerk gegen die feindlichen Engländer. Herrscherin über die Westküste unserer geliebten Insel. Sie starb zweiundsiebzigjährig in ihrem steinernen Turm am Meer. Rockfleet Castle. Und ich, Sean O'Faolain, Kapitän eines bescheidenen Bootes, bin in ihrer Todesstunde bei ihr gewesen. Ich sah diese mutige und kluge Frau sterben, für die zehntausend Männer wie ich, ohne mit der Wimper zu zucken, ihr Leben gegeben hätten. Nein, ich übertreibe nicht. Gerade dreizehn Jahre alt bin ich gewesen, als ich die engen Stufen zu ihrem Gemach hinaufstieg. Ich erinnere mich noch daran, als sei es gestern erst gewesen…

Auf meinen nackten Unterarmen lag ein Bündel großer Holzscheite, die ich, fest gegen meine Brust gedrückt, die steile Treppe hochschleppte. Meine Mutter – damals Köchin in der Piratenburg – hatte mir aufgetragen, die Scheite auf das offene Kaminfeuer der O'Malley nachzulegen. Ich hatte Grace O'Malley schon oft gesehen, aber sie hatte noch niemals mit mir gesprochen. Sie saß zurückgelehnt in ihrem hohen französischen Stuhl nahe beim Feuer. Der kostbare Stuhl war das Beutestück aus einem französischen Segler, den sie vor der Küste Donegals aufgebracht hatte. Das lag bestimmt viele Jahre vor meiner eigenen Geburt zurück. Trotzdem hatte das Alter diese starke Frau noch immer nicht in die Knie gezwungen. Nur einige wenige silberne Strähnen durchzogen ihr langes schwarzes Haar. Ihr Blick schien nachdenklich auf die rote Glut gerichtet. Kaum wagte ich näherzutreten. Doch sie bemerkte mich, und ein feines Lächeln floß über ihre Lippen.

»Du bist Sean, Eveleens Sohn, nicht wahr?«

Ich nickte und murmelte ein hastiges »Ja«.

»Tritt näher. Lege das Holz auf die Glut, und setz dich auf den Boden neben mich.«

Wortlos gehorchte ich.

»Ich hörte von deinem Vater, daß du bei den Mönchen von Murrisk Lesen und Schreiben gelernt hast und sogar englisch kannst.«

»Ja, Granuaile.« Ich sagte Granuaile zu ihr. So lautet nämlich ihr gälischer Name. Die Engländer haben daraus Grace gemacht.

»Dann hör gut zu, damit du später alles genauso aufschreiben kannst, wie ich es dir erzählt habe.«

Zunächst verstand ich nicht. Was wollte sie von mir? Erst langsam begriff ich, was da mit ihr vor sich ging: Sie schien tief in sich zu versinken. Ihre Augen waren geschlossen, als suchten sie inwendig nach Bildern und Erinnerungen an Ereignisse, die vor langer Zeit geschehen waren. Und dann

Elternhaus Grace O'Malleys auf Clare Island

erzählte sie, bis tief in die Nacht hinein, bis meine Mutter mich holen kam. Aber schon am nächsten Abend hockte ich wieder bei ihr vor dem prasselnden Feuer. So hatte sie es befohlen. Aber ich hing auch so vor Spannung buchstäblich an ihren Lippen. Da, wo der Faden am Vorabend abgerissen war, weil sie müde wurde, knüpfte sie an und schlug ein weiteres Kapitel aus ihrem Leben auf. Warum sie gerade mich auswählte? Ich weiß es nicht. Vielleicht hoffte sie, daß ich es später einmal allen erzählen würde. Und damit hat sie recht behalten. Sie redete zu mir, als sei ich schon ein Erwachsener, was mich mit Stolz erfüllte. An fünf oder sechs Abenden erfuhr ich von Granuaile die abenteuerliche Geschichte ihres Lebens als Piratin, Herrscherin und Mutter. Sie begann mit einem derben Kinderspaß: »Die Black Oak's Tochter hat Schiß vorm Wasser! Die Black Oak's …«

2 »Black Oak's Tochter hat Schiß vorm Wasser!«

Der Ruf dieser Bastarde klingt mir noch heute in den Ohren. Black Oak war der Beiname meines Vaters, weil er so groß und stark war wie eine schwarze Eiche. Geboren und aufgewachsen bin ich auf Clare Island, der größten Insel der Clew Bay. Das Castle meines Vaters hieß Belclare und war bei weitem nicht so schön und geräumig wie mein jetziges: Rockfleet.

Mein lieber Vater ist ja auch bloß Händler zur See gewesen und kein Pirat. Ich muß lachen, wenn ich daran denke, aber ich habe später durchschaut, daß er das Meer fürchtete.

Er fuhr häufig mit dem Schiff nach Spanien oder Portugal, um all das gegen irische Schafswolle und Eisen einzutauschen, was wir im Lande nicht besitzen: feine Stoffe, Papier, Porzellan. Und jedesmal muß er froh gewesen sein, wenn er wieder festen Boden unter den Füßen verspürte. Schlechte Voraussetzungen für einen Piraten, der ohne das Meer nichts ist. Wenn er das Wasser nicht liebt und fürchtet zugleich, wird es ihm niemals ein würdiger Partner sein. Black Oak fürchtete es nur!

Meine Mutter Margret haßte es. Zu oft mußte sie erleben, daß es ihr den Ehemann für Wochen oder Monate entriß. Sie haßte das Meer, weil sie Black Oak immer wieder mit seinem Schiff am Horizont verschwinden sah. Dann hockte sie zurückgelassen auf Belclare, betete in der Kapelle für seine baldige Rückkehr, wurde von Mal zu Mal melancholischer. Ich war damals sieben. In Erinnerung ist mir geblieben, daß Margret mehr Augen für die abbrennenden geweihten Kerzen in der Kapelle hatte als für ihre heranwachsende Tochter. So entging ihr auch eines Nachmittags völlig, wie einige Bastarde mich beinahe im Meer ertränkt hätten. Es sah ja auch aus wie ein harmloses Spiel von Kindern:

»Die Tochter von Black Oak hat Schiß vorm Wasser. Die Tochter von Black Oak heult, wenn sie ins Meer fällt!« So brüllten sie hinter mir her. Und dann packten mich einige von den größeren Jungen, schleppten mich zum Meer und tauchten mich unter. Immer wieder und jedesmal dauerte es länger, bis ich wieder hochkommen und nach Luft schnappen durfte. Ich schrie aus Leibeskräften um Hilfe und heulte wie am Spieß. Meine Mutter blickte kurz zu mir herüber. Danach wendete sie sich in ihrer einsamen »Trauer« um Vater wieder dem nahen Castle zu.

Ich war allein. Allein auf mich gestellt. Eine rohe Gewalt drückte mich immer wieder unter Wasser. Je mehr ich schrie, um so länger hielt es an. Und zum erstenmal spürte ich den Schrecken des Wassers. Eingetaucht befand ich mich in einem lichtlosen Universum, das mich jederzeit vernichten konnte. Damals wich zum erstenmal alle kindliche Unschuld von mir, die mich bislang noch schützend eingehüllt hatte. Zu sterben – das rückte in eine schreckliche Nähe. Ich rang nach Luft. Angst überkam mich. Für Außenstehende mochte es wie ein Kinderspiel ausgesehen haben. Zwei Jungen halten ein Mädchen unter Wasser. Spritzen, Zappeln, Schreien, Lachen. Wie Kinder eben sind! Niemand nahm es ernst. Meine Mutter war längst außer Sicht. Während ich um mein Leben kämpfte, zündete sie vielleicht wieder einmal eine Kerze an. Betete.

Nur unter Aufbietung all meiner Kräfte kam ich schließlich frei. Ich spuckte Salzwasser, hustete, und mein Gesicht war blau angelaufen. Da ließen sie mich endlich gehen.

Ich war wütend auf meine Mutter. Haßte sie. Warum hatte sie mir nicht geholfen? Black Oak hätte mir beigestanden, schließlich hatte er als Seemann keine Angst vor Wasser. So glaubte ich damals. Und so nahm ich ihn mir als Vorbild: Stark und tapfer zu werden wie er. Wie mein vor Leben strotzender Vater. Meine ewig blasse und in Selbstmitleid zerfließende Mutter wurde mir hingegen zum Greuel.

Die Bastarde, diese Jungen kamen wieder und drückten mich erneut unter Wasser. Aber von Mal zu Mal heulte ich weniger, bis ihnen eines Tages die Lust daran verging. Es machte wohl keinen Spaß mehr, jemanden zu quälen, der die Angst vor der Folter verloren hatte.

Aber diese ganze Sache hatte noch etwas anderes in mir ausgelöst. Plötzlich interessierte mich das Wasser, das nichts anderes war als das große Meer. Das Meer. Es hatte mich mit Todesängsten erfüllt, und es hatte mich zugleich neugierig gemacht. Wenn ich die Angst vor ihm verlöre, wer könnte mich dann noch unterkriegen?

Neben Belclare floß ein Bach, der uns mit frischem Wasser versorgte. Die Hunde meines Vaters tobten häufig darin herum. Furchtlos hielten sie sich im Wasser auf. Sie gingen nicht unter. Warum nicht? Beim nächsten Mal beobachtete ich sie ganz genau. Und plötzlich wußte ich, warum sie nicht im Fluß oder im Meer ertranken. Der Trick bestand darin, sich zu bewegen. Nicht still zu stehen. Sie bewegten ihre Beine im Wasser. Vielleicht sollte ich das mit meinen Händen und Beinen auch einmal versuchen? Ich brauchte lange, bis ich den Mut dazu fand. Aber es gelang mir. Ich ging nicht unter. Ich schwamm tatsächlich im salzigen Wasser des Meeres! Je mehr ich übte, desto besser und sicherer wurde ich. Niemand auf Clare Island traute sich zu, was ich tat: im Meer zu schwimmen. Ich konnte etwas, was den anderen Furcht einjagte. Ich war stolz auf mich.

Und als Black Oak mit seinem Schiff zurückkehrte, da stand meine Mutter mit ihren rot-verweinten Augen am Hafen und winkte ihm erleichtert zu. Ich aber hüpfte ins Wasser hinein und schwamm ihm flink wie ein Lachs entgegen.

»Was für eine mutige Tochter ich doch habe!« brüllte mein Vater immer wieder und so laut, daß es alle im Umkreis hören mußten. Dann hob er mich über die Reling an Bord. Zum allererstenmal setzte ich meinen Fuß auf sein Schiff.

Von da an lag ich ihm fast täglich in den Ohren, daß ich ein Seemann werden wolle wie er.

»Ein Seemann wie ich«, platzte es amüsiert aus ihm heraus. »Du kannst höchstens eine Seefrau werden. Aber der Herr sei gepriesen, daß es so etwas nicht gibt. Und folglich bleibst du hier bei deiner Mutter und wächst auf wie eine Frau. Basta!«

Er wollte nicht hören. Hielt es für wider die Natur, daß eine Frau auf einem Schiff fährt wie ein Mann. Weil ich damals noch ein Kind war, nahm er es als einen Ulk. Als die

Phantasie eines kleinen Mädchens. Aber mein Entschluß stand längst fest. Ich wollte zur See fahren. Wollte später Kapitän eines Seglers sein. Es war mir schnurzpiepegal, ob Frauen das machten oder nicht. Meine Sehnsucht auf das Schiff meines Vaters zu gelangen, war so mächtig, daß ich alles dafür hergegeben hätte. Wenn ich ihn hätte verhexen können, hätte ich es getan. Auch wenn es gegen meinen leibhaftigen Vater gerichtet war. Ich mußte zur See. Aber wie? Jeder an Bord hätte mich sofort als die Tochter von Black Oak erkannt. Ich mußte mich verkleiden. Nein, ich mußte noch viel mehr tun als das. Ich durfte kein Mädchen mehr sein, sondern ein Junge. Ein Junge mit kurzem schwarzen Haar. Ehe ich noch recht überlegte, waren meine langen Locken der Schere zum Opfer gefallen. Ich schnitt ab, was mich als Mädchen verraten hätte. Zuletzt besorgte ich mir noch Kleidung aus dem Gesindehaus. Sie gehörte dem Sohn eines unserer Männer. Ich schwor mir, sie ihm später zusammen mit einer Belohnung wieder zurückzugeben. Als ich in den Spiegel schaute, konnte ich es kaum glauben. Ich sah aus wie der geborene Decksjunge.

3 Ein magerer Decksjunge

Drei Tage blieb ich unentdeckt oder besser unbeachtet. Black Oak segelte mit zwei Schiffen nach Spanien, und ich war so klug gewesen, mich nicht auf seinem Flaggschiff einzuschleichen. Einen ganzen Tag lang gelang es mir, mich unter Deck zwischen Fässern mit salzigem Hering und Bündeln schmutziger Schafswolle verborgen zu halten. Dann stöberte mich Ulick auf, zerrte mich hinauf ans Licht und drückte mir einen Reisigbesen und einen Holzeimer in die Hände.

»Schrubb die ollen Planken, bis sie wie Honig in der Sonne glänzen!« forderte er mich hämisch grinsend auf.

»Was fällt dir ein? Ich bin ...« brauste ich auf. Rechtzeitig biß ich mir aber noch auf die Lippe, bevor ich mich in meiner Wut verraten hätte. Ulick stand vor mir wie ein Fels. Schon damals erschien er mir so groß und stark, obgleich er doch nur fünf Jahre älter war als ich.

»Wer bist *du* schon«, sagte er ruhig. »Nichts weiter als ein kleiner magerer Decksjunge. Und ein fauler dazu.« Er befühlte meine Armmuskeln, und ein mitleidiges Grinsen überzog sein gebräuntes Gesicht. »Damit du es dir von vornherein merkst, magerer Decksjunge. Ich bin hier an Bord der Aufpasser über alle kleinen Decksjungen, und du hast zu gehorchen, wenn ich es dir sage. Verstanden!«

Das war natürlich gelogen. Er selbst war hier der einzige Decksjunge weit und breit. Aber das bemerkte ich erst Tage später. Er wollte sich vor mir wichtig machen, und mir fiel nichts besseres ein, als mich zu fügen. Andernfalls wäre schnell herausgekommen, daß ich gar nicht zur Mannschaft gehörte. Folglich schrubbte ich die schwarzen Planken, bis ich Blasen an den Händen bekam. Ulick beobachtete mich bei dieser ermüdenden Plackerei.

Sein: »So ist es richtig, magerer Decksjunge!« lag mir dabei in den Ohren. Irgendwann unterbrach ich das Schrubben. Es war mir etwas aufgefallen. Warum betonte er jedesmal das »Junge« so merkwürdig. Ob er etwas ahnte?

Am frühen Abend brachte mir Ulick »Porridge«, das aus Buttermilch, Honig und Hafermehl bestand. Es schmeckte köstlich, weil ich den ganzen Tag über nichts in den Magen bekommen hatte. Er ließ sich neben mir zu Boden und beobachtete mich schweigend. Ich bemühte mich, ihn nicht anzublicken. Vielleicht wollte er etwas aus mir herausbekommen. Aber er blieb still. Nach der Mahlzeit zeigte er mir unter Deck eine Stelle für die Nacht. Ich legte mich sogleich hin, hundemüde wie ich war. Doch bevor ich durch das sanfte Hin- und Herschlingern des Schiffes einschlief, gingen meine Gedanken noch zu Margret, meiner Mutter. Nicht die geringsten Gewissensbisse quälten mich. Mein letztes bewußtes Bild zeigte mir meine Mutter in der Kapelle, wie sie vor der Heiligen Jungfrau zwei Kerzen anzündet. Eine mehr als sonst. Ich grinste – schon halb im Schlaf. Geschieht ihr recht. Dann schlummerte ich hinweg.

Mitten in der Nacht wachte ich jäh auf. Mir war speiübel. Außerdem lag ich nicht mehr an dem Platz, an dem ich mich niedergelegt hatte. Was war denn nur mit dem Schiff los? Ich versuchte aufzustehen, wurde aber augenblicklich wieder zu Boden gerissen. In meinem Magen rumpelte es furchtbar. Auch drehte es sich wie wild in meinem Kopf. Was ging nur mit mir vor? War ich ernsthaft erkrankt? In meinem Jammer krümmte ich mich auf dem Boden und wälzte mich hin und her. Doch es wurde immer schlimmer. Ich erbrach mich und konnte nicht fort. Dann weiß ich nur noch, daß ich von Ulick träumte, der mich mit Tellern voll Porridge vergiften wollte. Ich war zu schwach, ihn daran zu hindern.

Als ich wieder einigermaßen klar war, hörte ich jemanden meinen Namen sagen.

»So, du bist also Grania, die Tochter von Black Oak. Habe ich mir's doch gedacht. Solche Muskeln kann nur ein Mädchen haben!«

Es war Ulick, der mich angesprochen hatte.

»Was ist passiert?« fragte ich ihn. »Ich erinnere mich bloß daran, daß du mich vergiften wolltest.«

»Ich?« rief Ulick aus und lachte. »Du brauchst eher eine Tracht Prügel als Gift. Aber das wird dein Vater besorgen, wenn er gleich kommt.«

»Mein Vater kommt hierher?« fragte ich entgeistert. »Woher weiß er …?«

»Du hast es selbst im Schlaf laut herausposaunt.«

Ungläubig schaute ich in sein lachendes Gesicht.

»Wir hatten in der Nacht einen heftigen Sturm. Du wurdest seekrank, hast dich übergeben und im Schlaf mehrmals laut gerufen: Ich bin Grania. Grania, der Seemann. Einige Männer und auch ich haben es gehört. Es gibt nur eine Grania auf Clare Island, die zur See will. Einer von der Mannschaft hat es deinem Vater gemeldet.«

Ich versuchte mich aufzusetzen. Was war das denn bloß für ein Gestank um mich herum? Neugierig schaute ich an meinem Körper herunter. Na, da hatte ich mich ja schön bekleckert!

Ulick lächelte, als er mein angewidertes Gesicht sah.

»Ist mir bei meiner ersten Fahrt auch passiert. Das kommt davon, wenn man seekrank wird. Jeder echte Seemann erlebt das zu Anfang …«

»Jeder echte Seemann?« dröhnte plötzlich eine mächtige Stimme hinter ihm. Ulick zuckte zusammen, und auch ich hatte die Stimme sogleich erkannt. Der zweite Sturm näherte sich mir an diesem Tage. Black Oak's Stimme hallte in dem engen Raum wie ein schweres Gewitter.

»Granuaile!« Er benutzte niemals die Koseform Grania. »Was zum Teufel hast du hier verloren? An Bord eines meiner Schiffe? Am liebsten würde ich dich übers Knie legen und anschließend nach Hause zurückschicken. Deine Mutter heult sich bestimmt deinetwegen schon die Augen aus …«

»Na und?« erwiderte ich trotzig. Für einen Moment glaubte ich, Black Oak würde mich packen, an Deck schleppen und über Bord zu den Haien werfen.

»Du hast verdammtes Glück, daß die Winde für uns günstig stehen«, sagte er. »So wirst du mit uns nach Spanien reisen müssen. Aber glaube bloß nicht, daß es für dich eine Vergnügungsfahrt wird. Du siehst aus wie ein Decksjunge und wirst deshalb arbeiten müssen wie ein Decksjunge«.

Und zu Ulick gewandt: »Nimm sie hart ran, Ulick. Nichts soll ihr erspart bleiben. Sie soll jede Arbeit tun – und wenn sie noch so schäbig ist. Granuaile soll lernen, was es heißt, ein Seemann zu sein. Vielleicht vergeht ihr dann endlich die Lust daran.«

Sprach's, drehte sich um und verschwand, ohne mich noch eines weiteren Blickes zu würdigen. Ich lächelte Ulick an. Doch der starrte bloß dumpf auf mich herunter.

Es wurde täglich heißer, je näher wir der spanischen Halbinsel kamen. Die Farbe des Wassers änderte sich. Aus den dunkelblauen, fast schwarzen Wellen der letzten Tage wurden warme türkisfarbene. Aber ich hatte nur wenige Augenblicke, mich daran zu erfreuen, denn Ulick führte den Befehl meines Vaters unerbittlich aus. Neben dem langweiligen Deckschrubben kam nun auch noch das Beseitigen von Abfällen in der Küche hinzu. Auch wurde ich von ihm wiederholt zum Ergötzen der Männer in den Ausguckskorb an der Spitze des höchsten Mastes geschickt. Dazu mußte ich mit bloßen Händen und Beinen am glatten Mast hochklettern. Die durch den Wellengang verursachten Bewegungen des Schiffes trugen ihren Teil dazu bei, mich jeden Moment abstürzen zu lassen. Doch verbissen kämpfte ich mich jedesmal hinauf, was mir auch immer besser gelang. Bei mir dachte ich nur: Wenn das zur Ausbildung eines richtigen Seemannes gehört, dann werde ich mein Bestes geben müssen. Black Oak soll erkennen, daß seine Tochter durch nichts davon abzuhalten ist, zur See zu fahren.

Und er erkannte es.

Während sich anfangs noch alles über den mageren »Decksjungen« vor Lachen die Bäuche hielt, um so mehr verstummten die Männer, je länger ich an Bord war. Sie erlebten, daß ich mich von Tag zu Tag geschickter anstellte. Black Oak's Zorn war einer ungläubigen Bewunderung für mich gewichen. Seine Kleine war etwas Besonderes. Und so durfte ich nach der Deckarbeit endlich das eigentliche Handwerk des Seefahrers erlernen: die Navigation, die darin besteht, immer den richtigen Kurs einzuschlagen. Dazu müssen die Winde, bei Nacht die Sterne, die verschiedenen Meeresströmungen und die Gezeiten beachtet werden. Das Allerwichtigste aber ist, daß ein Kapitän genau weiß, was er seinem Schiff zumuten kann und was nicht. Er muß lernen, seiner Mannschaft immer die richtigen Anweisungen zu geben. Ein kleiner Fehler kann bereits zu einer Katastrophe führen.

Ich schaute meinem Vater bei seiner Arbeit zu. Mit gierigen Blicken und Ohren verschlang ich jede seiner Anweisungen. Ich merkte mir seine Berechnungen des Schiffskurses, der uns sicher nach Spanien, Portugal und zurück brachte. Gleichzeitig lernte ich viel über den Handel mit anderen Völkern. Was sie nicht besitzen, tauschen sie mit uns gegen Waren ein, die wiederum wir nicht haben. Auch versuchte ich soviel wie möglich von ihrer Sprache aufzuschnappen. Wörter, die ich mir merkte, weil ich ihre Bedeutung erriet. Black Oak verhandelte nur mit seinen Händen und seiner Mimik.

Als er eines Tages im spanischen La Coruña eine bestimmte Menge Wein kaufen wollte, konnte ich ihm die Literzahl in spanisch sagen. Erstaunt blickte er mich daraufhin an, murmelte sich irgend etwas in seinen schwarzen Bart und ging fort. Der Spanier aber hatte mich verstanden, und so erhielten wir genau die Menge Wein, die mein Vater bestellt hatte.

Auf der Rückreise nach Clare Island zeigte er mir eines Morgens ein feines Halskettchen – gefertigt aus Silber und Perlen.

»Die bringen wir deiner Mutter mit, damit sie sich freut und uns verzeiht«, sagte er.

Aber Margret verzieh weder mir, noch hat sie jemals meinem Vater verziehen, daß er mich auf seinen Schiffen mitnahm. Black Oak hatte sich immer einen Sohn gewünscht; bekommen hat er eine einzige Tochter. Margret konnte danach keine Kinder mehr austragen. Ohne Hoffnung darauf, daß ein Sohn das seefahrende Geschlecht der O'Malleys fortpflanzte, hatte er plötzlich entdecken müssen, daß seine Tochter sich dafür eignete. Auch wenn dies gegen alle gesellschaftlichen Regeln verstieß. Black Oak konnte wieder träumen. Nach seinem Tode würden die Schiffe des O'Malley Clans nicht von den Meeren verschwinden. Granuaile übernähme die Führung. Granuaile? Eine Frau? An manchen Tagen wiederum erkannte Black Oak schmerzlich, wenn er mit Verstand an die Sache ging, wie vollkommen unmöglich sein Traum eigentlich war.

Aber so rasch wollte er auch nicht wieder davon lassen. Margret verzog das Gesicht, als er ihr eines Tages mitteilte, daß ich bei den Augustinischen Mönchen von Murrisk in die Schule gehen sollte.

»Sie kann noch nicht einmal richtig spinnen, deine Tochter«, klagte sie bitter. »Wie kann sie ihrem zukünftigen Ehemann eine gute Frau sein, wenn sie die lateinische Sprache beherrscht?«

Ich war damals neun, und das Argument meiner Mutter hätte jedes männliche Familienoberhaupt im Lande überzeugt. Black Oak hingegen dachte anders. Verheiratet werden sollte ich auf jeden Fall eines Tages. Das war klar. Aber bis dahin wollte er wenigstens so tun dürfen, als sei ich sein leiblicher Sohn, der eine Ausbildung erhielt und die Seefahrt erlernte. Der Seehandel war schließlich die Grundlage für das Überleben des Clans. Margret zuckte resigniert die Schultern. Von dem Tag an war ich für sie weder Fisch noch Fleisch. Einzig als Spleen ihres verbohrten Gatten existierte ich noch für sie.

Die Abtei von Murrisk befindet sich auf dem Festland und ist von meinen Vorfahren Lady Maeve und Lord Dermot O'Malley im Jahre 1457 erbaut worden. Angeblich soll sogar Papst Callistus III. ihnen die schriftliche Erlaubnis dazu gegeben haben. Das kleine und ehrwürdige Murrisk liegt von Belclare aus gesehen am rechten Rand der Clew Bay. Im Hintergrund erhebt sich der Heilige Berg, der Croagh Patrick. Auf seinem kahlen und windumtosten Gipfel hat der Heilige Patrick, der Irland christianisierte, vierzig Tage lang gefastet.

Die Augustiner lehrten mich Lesen und Schreiben. Meine Muttersprache ist gälisch. Die Sprache der Kirche ist das Latein. Wenn Latein die Sprache der christlichen Welt ist, warum sollten sie mir da Englisch beibringen, argumentierten die frommen Patres. Selbst der englische König sprach lateinisch. Das sollte bloß ein Beispiel sein, und die Augustiner lachten darüber. Wann sollte eine irische Frau auch schon einmal in die Verlegenheit kommen, mit dem englischen König sprechen zu können? Und vor allen Dingen: worüber? Oh, wie die frommen Mönche *diese* irische Frau unterschätzten! Die Verlegenheit sollte noch kommen. Und sie war nicht auf meiner Seite. Die Verlegenheit war fleischgeworden und hieß Elisabeth von England, die fast kahlköpfige Tochter Heinrichs VIII. Mein wohl größter Sieg zu Lande. Aber davon später!

Jedenfalls war ich eine ebenso eifrige Schülerin mit dem Kopf, wie ich es beim Erlernen des Segelns in der Hauptsache mit meinen Armen und mit der Kraft meines ganzen Körpers gewesen bin.

Abtei von Murrisk

Eines Nachts ereignete sich etwas, was der Schrecken aller Seefahrer ist: nämlich Feuer an Bord. Und so muß es geschehen sein.

In der sternenlosen dunklen Nacht kletterte ein Seemann vom Vorschiff in die Reling und hoffte, er bliebe dabei unbeobachtet. Unter seinem weiten Hemd hielt er eine kleine Wärmflasche aus Messing verborgen, die er gegen seine nackte Haut preßte. Der Mann unterdrückte mit Mühe seine Hustenanfälle. Seit Tagen litt er schon an Schüttelfrost und Fieber. Es war seine Frau gewesen, die ihm diese Wärmflasche mitgegeben hatte, doch um das Wasser in ihr erhitzen zu können, mußte er sie ins Feuer legen.

In einem verborgenen Winkel des Schiffes entzündete er deshalb ein kleines Feuer, wobei er sich bewußt war, daß er gegen eine Hauptregel zur See verstieß. Niemandem außer dem Koch war es an Bord erlaubt, Feuer zu machen. Der Mann wußte das, und seiner Meinung nach hatte er die glühende Asche auch sorgfältig ausgetreten. Dennoch erwischte der Wind einen kleinen, noch glühenden Funken davon und trug ihn an eine Stelle, wo sich sowohl Stroh als auch Säcke aus Leinen befanden … Das schon fast erstickte Feuer hatte allzu leichtes Spiel.

Aus dem Fünkchen wuchs bald eine breite rote Zunge, die gierig nach dem alten Holz des Schiffes leckte. Die See lag ruhig. Der Sturm würde diesmal an anderer Stelle – nämlich auf dem Schiff selbst – losbrechen: der Feuersturm. Auf einem Holzschiff tausendmal gefährlicher als ein Wellensturm, vom Wind entfacht. Zudem überraschte er die Menschen im Schlaf.

»Feuer! Feuer!« rief es plötzlich erschrocken von allen Seiten. Doch noch bevor die aus dem Schlaf gerissenen Männer darauf entsprechend reagieren konnten, holte das Feuer noch einmal kräftig Luft und brüllte mächtig los. Plötzlich brannte es an allen Seiten. Vornehmlich unter Deck, wo die eingekauften Waren verstaut waren.

Auch ich war nach dem zweiten Schrei wie jeder von der Mannschaft aufs Deck gestürmt, um nach einem Lösch-eimer zu greifen. Dichter Rauch und eine sengende Hitze raubte uns fast den Mut dazu. Unsere Augen suchten Black Oak, der oben am Ruder stand. Was war mit ihm? Warum schien er so in sich zusammengesunken? Noch war Rettung möglich, wenn rasch die richtigen Befehle kamen. Doch sie blieben aus. Black Oak stand dort und starrte ohnmächtig auf das Feuer, dessen heiße Flammen aus dem Laderaum nun auch zum Hauptdeck hochschlugen. In seinen Augen stand nackte Angst.

Da riß ich mich aus den Reihen der gleichfalls wie gelähmt dastehenden Mannschaft und eilte die Treppe zum Vordeck hinauf.

»Männer!« schrie ich so laut ich konnte. Und auf See lernt es selbst eine Frau mit der Zeit, ihre Stimme kräftig erschallen zu lassen. »Männer! Holt zuerst die Segel ein, denn sie brennen am leichtesten. Werft sie rechts und links über Bord ins Meer und haltet sie dabei an den Tauen fest.«

Zugleich zeigte ich auf einige von ihnen und gab ihnen den Befehl als die Tochter von Black Oak, dem Besitzer des Schiffes. Für einen kurzen Moment zögerten sie noch, aber dann machten sie sich unverzüglich an die Arbeit, die Segel einzuholen.

»Ein paar andere von euch versuchen, in den Laderaum einzudringen. Schüttet euch zuvor einen Kübel mit Wasser über die Kleidung. Im Laderaum zerschlagt ihr mit Äxten die unteren Schiffswände. Beeilt euch damit. Wir haben keine Zeit mehr, das Feuer mit unseren wenigen Eimern zu löschen.«

Unsicher blickten sie mich an.

»Tut, was ich euch sage! Ich weiß, wovon ich spreche.«

Black Oak nickte nur müde. Doch es war Ulick, von dem ich unverhofft Schützenhilfe bekam. Schon lange war aus dem ehemaligen Decksjungen ein starker und erfahrener Seemann geworden.

»Sie hat recht! So könnte es klappen«, schrie er los und feuerte damit die anderen an. Die Mannschaft machte sich endlich an die Arbeit. Währenddessen war ich ans Ruder gesprungen und riß es herum. Ein Blick aufs Meer hinaus hatte genügt, um mir zu zeigen, daß wir uns in Landnähe befanden. Die Brigg auf Grund zu setzen war zu gefährlich, denn noch war unsere Geschwindigkeit ziemlich hoch. Durch das Einholen der Segel verringerte sie sich. Dann hörte ich, daß Wasser in den Laderaum eindrang. Die Beile hatten also ihre Arbeit getan. Das einströmende Wasser würde das Feuer löschen, weil das Schiff langsam sank. Die Ladung war sicherlich zum Teufel, aber das Schiff war gerettet. Ich kannte die See an dieser Stelle ziemlich gut und wußte, daß wir höchstens ein paar Faden Wasser unter uns hatten. Allein deshalb konnten wir nicht absaufen. Im Gegenteil! Bei einsetzender Ebbe konnten wir die Lecks reparieren. Mit der zurückkommenden Flut würde das Schiff dann wieder hochkommen, so daß wir weitersegeln konnten.

Alles trat so ein, wie ich es mir gedacht hatte. Die Männer jubelten und trugen mich auf ihren Schultern an Black Oak vorbei über das ganze Schiff. Mein Vater sah mich nicht einmal an. Das letzte Stück der Reise überließ er mir – Granuaile O'Malley – die Führung des Schiffes. Sicher brachte ich es in den Hafen von Clare Island zurück. Seine Mannschaft hatte dabei hinter mir gestanden wie ein Mann. Sie hatten mich vorbehaltlos als Kapitänin akzeptiert, denn ich hatte das Schiff gerettet und sie vielleicht vor dem Ertrinken bewahrt. Als wir in den Hafen einliefen, trat Black Oak plötzlich hinter mich.

Er sagte nur einen einzigen Satz. Aber er kränkt mich noch bis heute:

»Du wirst bald sechzehn, und da ist es an der Zeit für dich zu heiraten.«

Wütend fuhr ich herum. War das jetzt der Augenblick, mir damit zu kommen? Aber sein Blick glitt über mich hinweg und heftete sich stur auf meine in Freudentränen aufgelöste hohlwangige Mutter am Ufer: Herrscherin über die Langeweile, Aufpasserin über die Spinnerinnen und Weberinnen von Belclare. Immer dienstbar und zugegen, wenn Festlichkeiten arrangiert werden mußten. Kurzum: die typische Ehefrau eines gälischen Fürsten!

4 Gehorsame Tochter eines irischen Fürsten …

Ich war stinksauer auf Black Oak. Und enttäuscht. Mein Vater war nicht besser als andere Fürsten des Landes. Hatte ich denn wirklich glauben können, daß ich – Granuaile O'Malley – eigene Wege würde beschreiten dürfen? Nicht sofort verheiratet zu werden, wenn das Alter dafür gekommen war? Resigniert hockte ich auf meinem Lieblingsstein am Meer und verfluchte den Christengott, der mich als Weib ins Leben geschickt hatte.

Verdammt! Ich war eine Frau, ja. Aber sehnte sich nicht geradezu jede Pore meines Körpers nach der Brise des Meeres? Gierte nicht die in diesem Körper eingeschlossene Seele nach den Gefahren der unberechenbaren See? Lockte nicht alles in mir danach, mit diesen Männern hinauszufahren? Männer, die sich auf den Planken eines Schiffes wohler und geborgener fühlten als im Schoß ihrer daheimgelassenen Frauen? Alles in mir schrie danach: Mit diesen Männern wollte ich sein und nicht mit einem Ehemann, auf den ich daheim warten mußte und dem ich ein verläßliches Weib zu sein hatte, wie jede verheiratete Frau auch.

Oh, ich schäumte über vor Wut über meinen Vater, der mich eine Zeitlang glauben gemacht hatte, es könnte anders mit mir gehen!

Aber es war vollkommen unmöglich, daß ich mich gegen seinen Beschluß auflehnte. Es war nicht nur mein Vater, der mir befahl. Er war zugleich auch der Sept, das gewählte Oberhaupt des ganzen Clans der O'Malley. Sein Wort war Gesetz. »Frauen haben zu gehorchen«, sagte er. »Mädchen können noch wilde Ponys sein, ungezähmt, störrisch, mit ihrem eigenen Kopf. Dann aber kommt die Zeit, wo sie zugeritten werden. Schlechte Launen treibt man mit der Peitsche aus.«

Black Oak wollte mich einschüchtern. Er war gar nicht so hart, wie er sich manchmal gab. Stolz reckte ich meinen Kopf.

»Mir ist nicht entgangen, daß du Vorbereitungen für ein Fest triffst. Sicherlich willst du damit irgendeinen Fürstenburschen anlocken, damit er beim Schmatzen ein Auge auf mich werfen kann. Soll ich also wie ein herausgeputztes Rindvieh auf dem Marktplatz an den Meistbietenden verhökert werden?«

»Selbstverständlich nicht, meine Tochter«, versicherte Black Oak. Auf einmal klang seine Stimme honigsüß. »Du bist eine adelige irische Frau, und du sollst nicht eher zu einem Mann in das Bett gehen, bevor du es wünschst. Aber Mutter beschuldigt mich, daß ich dich zu lange verwöhnt habe. Sie meint, du solltest dankbar sein, wenn ein Mann dich nehmen will. Ich habe mich im Lande umgeschaut und den besten Mann von allen eingeladen.«

»Wer ist es?«

»Man nennt ihn Donal, den Schlachtenreichen. Er ist ein berühmter Krieger und Sohn des O'Flaherty Clans. Man sagt, daß er einst der Sept seines Clans werden wird. Außerdem fahren die O'Flahertys fast so lang zur See wie die O'Malleys. Du könntest mit deiner Heirat zwei bedeutende Familien des Landes vereinen und Blutsbande zwischen Belclare und Connacht knüpfen.«

»Donal, der Schlachtenreiche«, murmelte ich vor mich hin. Der Name versprach Aufregung. Vielleicht hatte er ihn sich ja auf See erworben? Die Vorstellung gefiel mir.

»Er soll hierher kommen!« rief ich Black Oak zu, noch bevor er die Stufen hinauf zu Margret schritt.

Als ich dann dem »Schlachtenreichen« zum erstenmal gegenüberstand, konnte ich meine Enttäuschung kaum verbergen. Er kam nach Clare Island mit einer Handvoll heruntergekommener Schiffe gesegelt, und als er mich begrüßte, stellte ich fest, daß er fast einen ganzen Kopf kleiner war als ich. Zu klein für einen wirklichen Helden, fand ich. Außerdem mochte ich seine dünnen Lippen nicht.

Er fand mich wohl anziehender als ich ihn. Das las ich aus seinen begehrlichen Blicken, die er mir auf Schritt und Tritt zuwarf. Trotzdem hörte ich ihn zu einem seiner Begleiter reden: »Wie schade, daß Black Oak keine andere, hübschere Tochter hat als diese.«

Ich glaubte, nicht richtig gehört zu haben! Hielt er mich vielleicht für ein scheues Reh? Wollte er mich herausfordern? Das konnte er haben!

Zornig fuhr ich ihn an. »Man hat mir nicht gesagt, daß du dich mit Kröten besser auskennst als mit Frauen. Sonst würdest du in meiner Gegenwart nicht so dumm daherreden.«

Er starrte mich verwundert an. Dann platzte es jäh aus ihm heraus, und sein schallendes Gelächter dröhnte durch die Hallen von Belclare. Es steckte mich an, und ich lachte mit ihm. Das Eis schien geschmolzen. In den nächsten Tagen gab er sich als ein Mann, der mich betörte. Plötzlich zeigte er sich beredt, sprach von der See und vom Kampf und hatte binnen kurzem bei mir soviel Erfolg damit, daß ich ihn mit verliebten Augen betrachtete. Sogar seine mickrige Größe übersah ich auf einmal. Im Gegenteil: Wenn ich schon heiraten mußte, dann sollte es Donal, der Schlachtenreiche, sein. Donal, mein Held, denn als solchen befand ich ihn aufgrund seiner aufregenden Erzählungen!

Aber wie rasch ermüden mich Helden, wenn ich sie Tag für Tag bloß von sich erzählen höre!

»Du wirst ein zweifaches Ehegelöbnis sprechen, wie es deine Mutter und ich auch taten«, sagte Black Oak beiläufig, als klar war, daß ich mich dem Spiel um Macht und Einflußnahme endgültig unterworfen hatte.

»Und welches Band hält am längsten?« fragte ich mißtrauisch.

Mein Vater bemühte sich, nicht sarkastisch zu lächeln, sondern antwortete mit ernster Stimme.

»Das kirchliche Gelöbnis bindet dich für dein ganzes Leben. Du bist dem Manne untertan, und die Kinder, die du ihm schenken wirst, sind Gottes Segen auf eurer Ehe.«

Doch dann überzog ein fettes Grinsen sein bärtiges Gesicht.

»Das gälische Gelöbnis schützt dich für den Fall, daß du dich nicht wie eine gute Ehefrau beträgst.«

Ich knirschte mit den Zähnen. Wollte ich ihm denn wirklich eine gute Ehefrau sein? Je näher der Tag der Hochzeit rückte, desto mehr wich die anfängliche Begeisterung über Donal einer nachdenklichen Stimmung. Eine gute Ehefrau: das war ein langweiliges Leben. Mutter war eine gute Ehefrau. Ich konnte niemals wie Margret sein. Ich war anders. Ich war sechzehn und in das Meer verliebt wie keine Frau vor mir. Jedenfalls hatte man nie von einer gehört. Die Seeleute erzählten viele Geschichten, haarsträubende und verbotene, aber niemals handelten sie von einer Frau, die zur

See gefahren war. Als Donals Frau würde ich ihm vor allem Kinder gebären und für das Haus sorgen müssen. Das war alles, was man sich von Frauen erzählte. Vielleicht würde der »Schlachtenreiche« mir am Abend von seinen Heldentaten vorschwärmen. Meine hingegen würden sich ausschließlich auf Abenteuer am heimischen Spinnrad beschränken.

Aber ich blieb die gehorsame Tochter eines irischen Fürsten!

In einer privaten Zeremonie, zu der der katholische Priester nicht eingeladen worden war, gelobten Donal und ich nach altem gälischem Ritus, daß wir beide dieselben Rechte und Pflichten besäßen. Keiner war dem anderen untertan. Jeder stand für immer im Schutz der Familie, ganz gleich, was auch geschah. Die Harfe wurde gespielt, und ein Barde zählte aus dem Kopf, ohne sich auch nur einmal zu vertun, alle Mitglieder meines Stammbaums bis zum zwölften Jahrhundert auf. Anschließend sang er uns von den Taten des legendären irischen Helden Cu Chulainn. Cu kämpfte mit solcher Höllenwut gegen feindliche Streitscharen, daß er hinterher im kalten Wasser abgekühlt werden mußte, weil sein glühender Körper sonst die Kleider versengt hätte. Das war Stoff nach meinem Geschmack!

Es war Frühling – Beltane im keltischen Kalender – und die Mädchen und Jungen fällten den höchsten Baum auf Clare Island, den sie finden konnten. Sie schmückten ihn mit bunten Bändern und kleinen Glöckchen und stellten ihn vor die Tür von Belclare. Dann tanzten sie ausgelassen um ihn herum und waren sich sicher, daß mein erstes Kind neun Monate später geboren werden würde.

Die kirchliche Trauung vollzog sich in der kleinen Kapelle, in der Mutter am liebsten jedesmal ihr Bett aufstellte, wenn es Black Oak hinaus auf See zog. Die Worte des Priesters ließen meine Augen vor Zorn funkeln. Doch ich widersprach nicht. Donal hatte nur Augen für all das Silber und das kostbare Altartuch. Es spiegelte den Reichtum derer wider, die diese Kapelle und alles, was dazugehörte, gestiftet hatten: die seefahrenden O'Malleys.

Als wir das heilige Haus verließen, faßte er mich sehr hart am Arm. Zu seiner Überraschung fiel es mir nicht schwer, mich aus seinem Griff herauszuwinden. Die Zeit des schwächlichen Schiffsjungen war schon lange vorbei.

»Mach das niemals wieder!« herrschte ich ihn an.

»Von mir nimmt man nicht Besitz, auch wenn der Pfaffe dir sicherlich nach dem Herzen gesprochen hat.«

Donal, der Schlachtenreiche, blickte überrascht. Oh, diesen unmännlichen Augenaufschlag kannte ich bereits nur zu gut. Jedesmal schaute Donal dann wie ein Junge, dem man sein Spielzeug weggenommen hatte.

In der fröhlichen Menge vor der Kapelle fiel mein Blick auf ein anderes Augenpaar, das mich traurig musterte. Es gehörte zu Ulick, der in der nächsten Woche wieder mit meinem Vater nach Frankreich segeln würde. In seinen Augen fand ich etwas, das ich mir nicht erklären konnte. Oder das ich damals einfach nicht wahrhaben wollte. Ich hingegen beneidete Ulick, durfte er doch all das erleben, was mir von heute an versagt blieb. Was konnte diesem starken Mann bloß fehlen, daß er mich mit den traurigen Augen eines Hundewelpen anstarrte?

Jedermann wußte, daß die Tochter von Black Oak niemals heulte. Trotzdem mußte ich mein Gesicht in den Wind drehen, damit er meine Augen trocknete, nachdem mein Ehemann mit seinem Schiff von Clare Island abgelegt hatte.

Der Schiffsbug zeigte ständig nach Süden. Wir fuhren nach Connacht – zum Land der O'Flaherty. Connacht! Noch heute pressen mir die Trauer und die Verzweiflung, die mich befielen, als ich dieses Land zum erstenmal erblickte, mein Herz zusammen. Donals rauhes Reich war unkultiviertes

Land mit mehr Steinen als fruchtbarem Boden. Kleine morastige Seen zwischen windüberfluteten baumlosen Hügeln gab es zuhauf. Und eine Million kleiner Felder, die von Steinwällen durchzogen waren, die wiederum aus einer Million von kleinen grauen Steinen errichtet worden waren. Dahinter lebten Menschen, die wenig lachten und sprachen, in ihren kargen Hütten. Sie fristeten ihr Dasein auf den harten Knochen von Mutter Erde, die sie ihnen immer wieder durch die dünne Kruste des Bodens entgegenschob. Meine Gedanken eilten in den ersten Jahren immer wieder sehnsüchtig zurück nach Clare Island. Heilige Jungfrau! Was hatte ich da aufgegeben! Ich fand nichts Liebliches und Vertrautes in Connacht.

»Willkommen zu Hause!« sagte Donal.

Zu Hause, das war von nun an Donals Festung Bunowen oder die kleinere Burg Ballinahinch am Owenmor Fluß. Fahrten zwischen den beiden Festungen wurden gewöhnlich auf dem Wasser unternommen. Die kleinen Boote folgten eine Weile der Küstenlinie und bogen dann ab, in den lachsreichen und ruhigen Fluß hinein, der sich in vielen Windungen zum Berg Ben Lettery hinzog. Ich schätzte, daß eine Möwe für die Reise zwischen Bunowen und Ballinahinch vielleicht einen Nachmittag brauchen würde. Aber für Menschen dauerte eine Reise über das unwirtliche Land sicherlich mehrere Tage.

Als Gott Himmel und Connacht erschuf, behielt er den besseren Teil für sich. Connacht gleicht einem Kadaver. Wer in Connacht überleben will, muß sich fügen. Auch ich lernte es, mich zu fügen.

Zeit verfliegt in Connacht so rasch wie der Duft von Blumen, wenn man sie schneidet und ins Haus bringt. Die Jahre vergingen, und in den Hallen von Bunowen Castle hörte man mehr und mehr Kindergeschrei. Erst war es nur eine

Kehle, dann zwei, zuletzt drei Kehlen, die brüllten, lachten und gefüttert werden wollten. Meine Kinder erhielten die Namen Owen, Murrough und Margret. Sie wuchsen auf wie gälische Kinder eben aufwachsen. Die meiste Zeit sind sie sich allein überlassen. Ansonsten helfen sie im Haus mit, sobald sie kräftig genug sind anzupacken.

Denn im Haus eines gälischen Fürsten fällt immer wieder viel Arbeit an. Jeder muß da mithelfen, auch Kinder, die vielleicht erst seit wenigen Jahren laufen können. Die augustinischen Mönche in Murrisk erzählten mir, daß die Kinder der adeligen Familien in England den ganzen Tag nichts anderes machten, als schlafen und herumzusitzen. Ich wollte das damals überhaupt nicht glauben. Wer kann denn so dumm sein, einem Faulen noch Essen zu reichen?

Die Winter in Bunowen wären langweilig und einsam gewesen, wenn es nicht den Barden mit seinen Liedern und Geschichten gegeben hätte. Im übrigen holt sich jeder gälische Fürst, der etwas auf sich hält, für die Wintermonate einen guten Barden in seine Burg. Während draußen die Stürme toben, sind alle im größten Saal um den offenen Kamin herum versammelt. Auf niedrigen Holztischchen stehen flache Teller mit Wildbraten. Dazu gibt es Kohl, Zwiebeln, wilden Knoblauch, Porree und Brunnenkresse. Jeder schneidet sich mit dem Messer Stücke vom Bratenfleisch ab und langt mit den Fingern zu. Man läßt sich den reichlich fließenden Whiskey und Mead schmecken. Selbst spanischer Wein mundet noch lange nicht so gut wie irischer Mead, der aus Honig hergestellt wird. Die Menschen unterhalten sich oder würfeln. Ich bin immer eine geschickte Würflerin gewesen.

Grace, die Spielerin, lautet einer meiner Beinamen. Jahre später habe ich mal mit dem Kapitän eines Schiffes, das ich entern ließ, aus Spaß um seinen Kahn gewürfelt. Wenn ich verlöre, würde ich mich mit meinen Männern zurückziehen, sagte ich zu ihm. Begierig schlug er ein. Sie ist ja bloß eine Frau, dachte er wohl. Ha! Sein anschließendes Fluchen und Schimpfen dröhnt mir noch heute in den Ohren.

Lautstark und ausgelassen geht es an solchen Winterabenden in der Burg eines gälischen Fürsten zu. Flötenspieler und Harfner spielen abwechselnd traurige und schnellere Lieder, die jeder kennt und mitsingt. Dann, zu einem bestimmten Zeitpunkt des Abends, ergreift der Barde das Wort. Für drei Monate ist er unser Gast. Er wird ernährt und bekommt noch etwas Geld für seine Kunst, uns zu unterhalten.

»Ihr denkt, daß eure Flöten- und Harfenspieler schöne Musik machen? Dann solltet ihr erst einmal Rosy McCann vom Clan der O'Donnells singen hören. Oder ihren Bruder Ardan summen, wenn er mit seinem Bogen auf die Jagd geht. Doch ich will euch von etwas anderem erzählen …«

So beginnt der Barde und keiner verübelt es ihm, wenn er sich über manche unter den Anwesenden lustig macht. Er genießt Narrenfreiheit und weiß sie auch zu nutzen.

»Man erzählt sich, daß Eure Lady die See bereist, Donal, der Schlachtenreiche. Da wird sie ja jedesmal ein neues Schiff brauchen, wenn es sie wieder hinauszieht. Ist doch seit Jahrhunderten den Seeleuten bekannt, daß Frauen auf Schiffen nur Unglück bringen …«

Alles lachte und ich auch. Nur Donals Gesicht verfinsterte sich. »Jetzt geht sie nicht mehr hinaus aufs Meer«, brummte er. Und dann so laut, daß ein jeder in der Halle von Bunowen es hören konnte: »Black Oak, der Alte, war zu schwach, sein Küken davon abzuhalten. Ich hingegen als ihr Ehemann habe ihr die Seefahrt endgültig ausgetrieben!«

Nun lachten nicht mehr ganz so viele. Der Barde erkannte den Stimmungswechsel sofort und grüßte den Hausherrn und mich in einer langen Verbeugung, die alle belustigte, weil es so unterwürfig am englischen Hofe zugehen soll.

Danach erfreute er die Frauen und Männer weiter mit seinen Späßen und Geschichten.

Doch da hatte ich die Halle bereits verlassen. Wie unbeherrscht und grob Donal sich geben konnte, hatte ich in den Jahren unserer Ehe viel zu häufig mitbekommen. Für das Ansehen eines Sept kann es nur schädlich sein, wenn er seine Gefühle nicht unter Kontrolle hat. Wie oft hatte ich ihm seine Hitzköpfigkeit schon vorgeworfen. »Weibergewäsch!« hatte er bloß dazu gesagt.

Aber nun war das Faß übergelaufen. Mit seiner Bemerkung vorhin hatte er die alte Grace in mir endgültig wachgerüttelt. Zu lange schon hatte ich mich in die Pflichten der Frau eines gälischen Fürsten eingefügt. Zu lange schon hatte ich, ohne zu murren, dieses langweilige Leben ertragen. Spinnerinnen beaufsichtigen. Mahlzeiten vorbereiten. Für Geselligkeit sorgen. Gäste verwöhnen. Kinder gebären. Ihm zu Willen sein. Das Faß lief über und ich war nicht länger bereit, in dieser sklavischen katholischen Ehe die Unterwürfige zu spielen.

Ich war Granuaile O'Malley! Die Frau, die Schiffe nach Portugal über den Atlantik führen konnte. Und er Donal, der Schlachtenreiche, der auf den Planken eines Schiffes so plump und ungeschickt wie eine rostige, fette Kanonenkugel daherkam. Zu Lande mochte er schlachtenreich sein. Zur See konnte man froh sein, wenn ihn der Feind nicht zu Gesicht bekam. Er hätte sich vor Lachen noch in die Hosen gemacht. Oh, wie war ich wütend auf Donal, den Schwätzer.

»Du hättest mit mir im Saal bleiben müssen! Die Frau eines Sept verläßt nicht den Platz neben ihrem Mann, wenn ihr danach ist«, schrie er mich hinterher an. »Der Barde war eine eingebildete Kröte. Ich habe ihn bereits entlassen. Im übrigen können wir uns von nun an keinen Unterhalter mehr leisten. Ich habe beschlossen, Krieg mit den Joyce zu führen.«

Ich schwieg und ging ihm von da an aus dem Weg. Aber mein Plan, wieder hinaus aufs Meer zu gehen, stand unverrückbar fest. Von Tag zu Tag nahm er greifbarere Formen an.

5 Spirale des Lebens und des Todes

Die düsteren, mächtigen Mauern von Bunowen Castle erheben sich auf einem kleinen Felsvorsprung nahe dem Meer. Die Burg liegt sehr günstig, weil sie sich außerhalb der Sicht der Haupt-Schiffahrtswege befindet. Fremde Schiffe meiden diesen Küstenabschnitt ohnehin wegen seiner gefährlichen Riffe und unberechenbaren Strömungen. Nur wer jahrelang von Bunowen aus ins offene Meer hinausgefahren ist, weiß, wie er und sein Schiff sicher und ungefährdet die Küste verlassen können.

Im Hinterland von Bunowen recken sich die »Zwölf Söhne« in den Himmel, die Twelve Bens, von denen Bencor der höchste ist. Aber die Berggipfel gehören den Elfen, so reden die Menschen von Connacht furchtsam. Menschen dürfen ihre Bergregionen nicht betreten. Die Elfen, die Thuata Da Dannaan, strafen einen jeden, der sich ihnen ungebeten nähert. Ich hatte nicht vor, auf die Berge zu klettern. Weitaus besser gefielen mir Wellenberge.

Auch hier hatte ich abseits vom Trubel der Burg am Strand einen Stein gefunden, auf dem ich häufig saß und nachdachte. Immer öfter suchte ich diesen Ort in letzter Zeit auf und beobachtete sehnsüchtig das Spiel der Wellen weit draußen, die sich schäumend an den scharfen Klippenrändern brachen.

Warum bloß liebte ich das Meer so sehr? Das Meer, das sich einmal erhebt zu einer großen, schäumenden, donnernden Woge. Ein zweites Mal zu einer Woge, grün wie Crysolith, am Rande gesprenkelt mit amethystfarbenem, purpurnem und blauweißem Schaum. Ein drittes Mal zu einer Woge sich erhebt, weiß wie Kristall, ungebrochen, von reiner Dauer erfüllt, still wie der Urbeginn.

Das Meer – an manchen Tagen flach wie ein Brett –, das seinen Grund in der Tiefe verbirgt, doch den Blick über es hinweg in die Ferne – und hinauf in die Sternensee niemals verstellt. Die Sterne – sie weisen dem Seefahrer den Weg. Seit Tausenden von Jahren schon.

»Oh, du stilles, flaches, brausendes, sich erhebendes Meer!« Laut und energisch hatte ich gesprochen, als ich mich plötzlich beobachtet glaubte. Hastig drehte ich mich um.

Finola, die mir bei der Arbeit im Castle seit einem halben Jahr zur Hand ging, näherte sich, schien nun unsicher, ob sie mich ansprechen sollte. Ich winkte sie herbei. Finola war eine geheimnisvolle Frau. Jünger als ich, besaß sie bereits eine Reife, die sie sich nicht nur in ihrem kurzen Leben erworben haben konnte. Finola glaubte an die Wiedergeburt der Seelen und liebte das den Augen Verborgene in der Natur und im Menschen. Sie besaß große Kenntnisse vom alten Glauben der irischen Kelten, von denen wir alle abstammen, aber dessen Ursprung die Kirche so gerne leugnen möchte. Finola, die ich oft scherzhaft meine Magierin nannte, war eine Frau, der ich vertrauen konnte.

Sie kauerte sich neben mich, und schweigend schauten wir eine Weile dem Spiel der Wellen zu. Direkt vor uns war das Wasser fast bewegungslos und flach wie ein Brett. Plötzlich griff Finola nach einem runden Kieselstein und warf ihn in die wässerne Stille hinein. Er tauchte sofort unter, hinterließ aber an der Oberfläche die charakteristischen Kreise, die entstehen, wenn ein Stein ins Wasser fällt. Wie gebannt starrte ich auf die Kreise, die sich, erst klein von einem Mittelpunkt aus, dann immer größer gestalteten. Es sah aus wie eine Spirale.

»Diese Spirale ist das Leben!« sprach Finola ernst. »Das Leben steigt von unten nach oben. Ganz klein und unscheinbar noch zunächst am Anfang. Dann aber weitet sich dieser Anfang zu einem Umfang aus, der ins Unendliche reicht. So ist der Mensch: Sein Mittelpunkt ist überall, und sein Umfang ist nirgends. Leben und Tod ist der Name dieser Spirale. Leben und Tod gehören fest zusammen.«

Einen Augenblick lang mußte ich an die Lehre der augustinischen Mönche von Murrisk denken: Der Tod ist durch die Sünde des Menschen in die Welt gekommen. Wieviel schöner, hoffnungsvoller und fruchtbarer hingegen klang das, was Finola glaubte: Leben und Tod sind untrennbar voneinander.

»Was soll ich tun, Finola, meine Freundin?« fragte ich plötzlich.

Sie musterte mich mit ihren dunklen wunderbaren Augen. »Das Schrecklichste, was einem Menschen in seinem Leben passieren kann, ist gegen seine Bestimmung zu verstoßen. Wenn er ganz stark in sich fühlt, wozu er geschaffen ist, dann muß er auch danach handeln, sonst ist er verloren!«

Mehr sagte sie nicht. Und ich war klug genug, nicht weiter in sie zu dringen. Ich hob die Augen, und was ich sah, das war meine Bestimmung. Sie lag vor mir: Flach, brausend, sich erhebend und irdisch schön. Als wir uns später erhoben, um nach Bunowen zurückzukehren, faßte ich Finolas Hand. Und wir schlenderten scherzend am Strand entlang, so, wie gute Freunde an der See entlangschlendern.

In der großen Halle von Bunowen war die Luft erfüllt von den rauhen Stimmen der Männer. Es ging um den Handel zur See, und da war es nicht verwunderlich, daß hitzige Reden geführt wurden, und Worte erregt hin- und herflogen. Die Männer waren unzufrieden, denn die Erträge der letzten Monate reichten kaum aus, um die hungrigen Mäuler in ihren Familien zu stopfen.

»Wenn das so weiter geht«, brummte der alte Seebär Ryan, »dann können meine Kinder bald an den Steinen von Connacht lutschen. Vor einem Jahr, ja, da konnten wir im Süden noch unseren Fisch und unsere Schafwolle verkaufen, aber in diesem Jahr knallen sie uns in Cork die Türen einfach vor der Nase zu.«

»Den fetten Handel macht jetzt Galway?« ereiferte sich einer von den jüngeren.

»Er hat recht!« schrien jetzt mehrere. »Die Stadt Galway will uns von unseren Märkten verdrängen. Galway ist eine feiste Hure geworden. Und wir können nichts dagegen tun.«

»Galway ist zu mächtig!« sagte Ruri Oge, und alle nickten resigniert.

»Nicht zur See!« rief ich in die plötzlich entstandene Stille hinein. Noch niemals zuvor hatte ich das Wort in der Männerrunde ergriffen, aber an diesem Tag hielt ich mich nicht mehr länger zurück. Was auf See geschah, ging auch mich etwas an. Die Augen aller waren erstaunt auf mich gerichtet. Unbeirrt und sicher fuhr ich fort.

»Als Stadt ist Galway uneinnehmbar, aber auf dem Meere sind seine Schiffe plump und werden von weinerlichen Memmen geführt. Außerdem könntet ihr eure Waren auch in Frankreich oder in Spanien verkaufen.«

»Hört euch das scharfzüngige Weib von Donal an«, sagte Ryan und lachte lauthals. »Redet, als hätte sie Ahnung davon. Niemand von uns segelt nach Spanien, weil er den Weg dahin nicht kennt. Und das Meer ist tückisch, Granuaile.«

»Ich weiß«, erwiderte ich ruhig. »Den Weg nach Spanien

über den Atlantik kenne ich nur zu gut. Und was das Attackieren von Schiffen angeht, auch dieses Handwerk habe ich von Black Oak gründlich gelernt.«

Das war zwar gelogen, denn mein Vater war immer ein schlechter Pirat gewesen, aber die Erwähnung seines Namens an diesem Ort verfehlte trotzdem ihre Wirkung nicht.

»Black Oak«, ging es ehrfürchtig raunend durch die Reihen der Männer. Der alte Seeteufel von Clare Island war schon zu Lebzeiten eine Legende. Scheinbar furchtlos hatte er für seinen Clan Handelswege nach Portugal, Schottland und sogar bis nach Holland eröffnet. Furchtlos war Black Oak bestimmt nicht dabei gewesen, dachte ich. Die See war ihm ein Greuel. Aber sie war immer noch eine bessere Gefährtin als Margret. Je weiter die Schiffsreisen von ihr wegführten, um so besser.

Nun dämmerte allmählich den Männern, daß ich ja Black Oaks Tochter war. Ging von mir nicht das Gerücht, daß ich von meinem Vater zum Seemann ausgebildet worden war? Und priesen nicht Black Oaks Männer meinen unglaublichen Wagemut. Hatte ich nicht mal einen Schiffsbrand durch kluges Verhalten gelöscht? All das fuhr ihnen auf einmal durch die Köpfe. Die Männer in der Halle von Bunowen Castle wurden neugierig. Wer war ich, von der sie bislang nur wußten, daß sie Donal drei Kinder geschenkt hatte? Ob sie denn wirklich eine Lösung für ihre miserable Situation zur Hand hatte?

Den ganzen Abend diskutierte ich hart mit den Männern. Zum Schluß akzeptierten sie meinen Plan, Galway etwas vom fetten Braten wegzunehmen. Mehr noch! Sie überantworteten mir die Führung eines ihrer Schiffe.

»Wir laufen aus«, sagte ich, »sobald der nächste Segler, der zurück in den Hafen nach Galway will, in der Höhe von Aran gesichtet wird. Dafür müssen wir ein Späherboot ausschicken.«

Die Augen der Männer flammten begeistert auf. Handeln ist allemal besser als dasitzen und darüber jammern, wie schlecht alles geworden ist!

»Und was wird Donal dazu sagen?« fragte mich Ruri Oge.

»Daß er mir das alles ein für allemal ausgetrieben habe, natürlich«, meinte ich sarkastisch und grinste.

6 Piratin Grace O'Malley

Die blaßdottrige Sonne löste die dichten Morgennebel nur allmählich auf. Im Schutz des grauen Schirmes näherten sich Donals Männer vorsichtig dem Ufer des Lough Corrib. Ab und zu zerriß der Nebelvorhang vor ihnen und gab dann einen kurzen Blick auf Castlekirk frei, das jetzt unmittelbar vor ihnen lag. Die ganze letzte Nacht und noch vier Tage vorher hatte sich der bewaffnete Trupp einen Weg durch die unwegsame Bergwelt von Connemara gebahnt. Donal, der seine Männer anführte, plante einen Angriff auf die Burg der Joyce. Die Joyce waren ein Clan, mit dem er schon seit Jahren in Fehde lag. Und heute sollte endlich ein empfindlicher Schlag gegen ihre Hauptfestung erfolgen. Castlekirk lag strategisch günstig auf einer kleinen Insel im Lough Corrib, dem größten See Connemaras. Donal schien dieses Wasser mitunter so groß wie der Ozean zu sein. Das war natürlich übertrieben. Dennoch hätte sich im Lough Corrib eine ganze Flotte von Kriegsschiffen verstecken können.

Die Joyce rechneten nicht damit, daß Donal sie im Herzen ihres Gebietes angreifen würde. Schließlich war Donal mehrere Tagesreisen von Bunowen oder Ballinahinch Castle entfernt. Bei einer Schlappe würde er von jeglicher Hilfe oder von Nachschub abgeschnitten sein. Folglich war es für einen O'Flaherty Wahnsinn, sich so tief in das Land der Joyce zu bewegen. Aber Donal liebte es nun einmal, unberechenbar zu sein. Castlekirk würde ihm in die Hand fallen wie eine reife Frucht. Die tölpeligen Joyce hatten in diesen frühen Morgenstunden keine einzige Wache aufgestellt. Lautlos glitten die Männer in ihren Curraghs über das Wasser. Ein Curragh ist so leicht, daß ihn zwei Kinder tragen können. Trotzdem bietet er sechs bis acht Männern Platz. Mit diesem Boot wagen sich die Fischer sogar aufs offene Meer hinaus. Damit das Boot bei Wellengang nicht umschlägt, legen sie vorher schwere Steine auf seinen Boden. Diese werfen sie nach und nach ins Wasser, je mehr sich das Boot mit Fischen füllt.

›Um Fische geht's mir bestimmt nicht, Joyce!‹ dachte Donal und grinste bitter. ›Ich werde den Boden meiner Boote mit dem anfüllen, was ihr mir unfreiwillig geben werdet. Gold, Münzen, Waffen und Edelsteine.‹

Sechzig Männer hatte er aus Bunowen mitgebracht. Das müßte genügen, um die Joyce-Burg im ersten Überraschungsangriff einzunehmen. Die Burg war ein mächtiger Turm, dessen Zinnen zu ersteigen selbst geschickten Kletterern unmöglich war. Auch Leitern anzulehnen ging nicht, weil diese nicht hoch genug waren. Der einzige Schwachpunkt von Castlekirk war die Eingangspforte. Sie war nicht wie bei anderen Wohntürmen durch schwere Bleiplatten geschützt, sondern bestand aus Holzbohlen, die nicht sehr stabil ausschauten. Lautlos und immer noch unbemerkt hoben Donals Männer aus einem Curragh einen vier Meter langen Rammbock. Zwölf Männer faßten ihn, nahmen Anlauf und stürmten damit auf die Pforte von Castlekirk zu. Gleich beim ersten Stoß, ausgeführt mit geballter Kraft, sprang sie auf und fiel polternd aus ihren Angeln.

»Alarm!« brüllten die aus dem Schlaf geschreckten Männer der Joyce. Doch da waren Donal und seine Krieger schon über ihnen und metzelten sie erbarmungslos nieder. Nur wenige Joyce konnten entkommen. Ob es sich wirklich so abgespielt hat, weiß ich nicht zu sagen. Jedenfalls hat mir Donal die Geschichte des ruhmreichen Überfalls später so geschildert.

Die Galeasse mit fünfzehn Ruderern auf jeder Seite kam aus Cork oder Waterford. Die Städte im Süden Irlands waren reich, und sie kauften mit Vorliebe Waren von Händlern aus dem Norden des Landes. Die verlangten nämlich nicht zuviel für ihre Schafswolle und Rindshäute. Das Schiff trug das Wappen der mächtigen Stadt Galway auf seinem kleinen Besansegel, das der Wind nur mäßig blähte. Der Kapitän nickte zufrieden, als sie die steilen Klippen von Moher im Osten passierten. In knapp einer Stunde würden sie in den Hafen von Galway einlaufen, wo die reichen Kaufleute schon ungeduldig auf den Erlös ihrer Waren warteten. Sie würden ihre Hände vor Freude aneinanderreiben, wenn sie erfuhren, wie begehrt ihre Waren im Süden immer noch waren. Für ihn, den Kapitän, würde auch diesmal wieder eine hübsche Stange Geld herausspringen. Nur einen kleinen Teil davon erhielten die Ruderer. Aber auch sie würden sich zufrieden zeigen.

Der rote Ball der Sonne stand bereits tief über den drei Aran-Inseln. Inisheer, Inishmore und Inishmaan sahen aus wie drei unterschiedliche große Steinplatten. Sie erweckten den Eindruck, als seien sie Trittsteine für einen Riesen bei seinem Gang übers Meer. Auf den Aran-Inseln lebten nur ein paar armselige Bauern, die die Erde, die sie bebauten, vorher mit Schiffen vom Festland hatten herübertransportieren müssen. Wer auf Aran sein Dasein fristete, war nicht arm; er war im wahrsten Sinne des Wortes steinarm. »Aran der Steine«, »Aran der Stürme« – so nannten die Bewohner von Galway diese unfruchtbare Inselgruppe.

Plötzlich bogen um die Landspitze von Inisheer herum mehrere Schiffe, die sich der Galeasse schnell näherten. Sie trugen alle das Wappen der O'Flahertys und segelten in Keilformation. Daß das nichts Gutes zu bedeuten hatte, war dem Kapitän augenblicklich klar. Zwar waren die vom Clan der O'Flahertys bislang nicht als Piraten bekannt, aber die feindliche Absicht der Schiffe war eindeutig. Der Kapitän der Galeasse verfluchte sich dafür, daß er nicht einen anderen Kurs, nämlich um die Aran-Inseln herum nach Galway genommen hatte. Diese Stelle hier zwischen Inishmaan und den Klippen von Moher war geradezu ideal für einen Überfall. Aber vielleicht würde er sie einschüchtern können, wenn er einen Schuß aus seinen Kanonen am Bug des Schiffes auf die Piraten abfeuerte. Er wies die Ruderer an, sich kräftiger in die Riemen zu legen. Danach beeilte er sich, die zwei Kanonen vorne am Bug feuerbereit zu machen.

Aber bevor er sein Schiff in eine abschußgünstige Position bringen konnte, löste sich plötzlich aus dem Pulk ein einzelner Segler. Dieser kam direkt auf ihn zu. Wollte er ihn rammen? Ohnmächtig mußte der Kapitän zusehen, wie der Segler mitten durch die hölzernen Ruder auf der Backbordseite hindurchfuhr und sie so zerstörte. Damit war die Galeasse zunächst einmal manövrierunfähig geworden. Die Kanonen konnten nun auch nicht mehr eingesetzt werden. Verwirrt und zornig blickte der Kapitän auf das Schiff, das nun beilegte. Große ungläubige Augen machte er, als er den Kapitän der Piraten zu Gesicht bekam, und das war ich.

Mit seinen Augen gesehen, mußte ich ja auch ein ungeheuerlicher Anblick sein. Da stand doch tatsächlich eine Frau mit langen dunklen Haaren und einer Pistole in der Rechten an Deck und erteilte Männern Befehle! Hilflos mußte er mit ansehen, wie sein Schiff geentert wurde. Es ging alles so schnell vor sich, daß eine Gegenwehr unmöglich war. Auch ich schwang mich auf das Deck seiner Galeasse und half mit, die Kisten mit dem Gold, dem Geld und anderen wertvollen Schätzen zu rauben und auf mein Schiff bringen zu lassen. Eine Kiste mit Geld ließ ich allerdings zurück.

»Damit bezahlst du deine Ruderer, Kapitän!« rief ich ihm zu, so daß es jeder hören konnte. »Seeleute müssen ihre Heuer kriegen. Die fetten Kaufleute von Galway jedoch nicht.«

Das Gesicht des Kapitäns brannte vor Wut. »Wie ist dein Name, Weib?« schrie er.

»Grace O'Malley, verehrter Kapitän!« schrie ich zurück.

»Dann laß dir gesagt sein, Grace O'Malley, daß ich dir den Krieg erkläre. Ich werde dich stellen, irgendwo auf dem Meere. Und wenn ich es nicht schaffe, dann werde ich dafür sorgen, daß die Engländer dich erwischen und töten werden. Sie haben seit kurzem eine neue Königin. Ihr Name ist Elisabeth. Präge ihn dir gut ein, Piratenweib! Elisabeth streckt ihren mächtigen Arm nach Irland aus. Sie wird auch dich vernichten, Grace O'Malley!«

»Dann richte dieser Elisabeth aus, daß ich ihr den Thron von England gönne. Doch ich werde ihr jederzeit den Arm abschlagen, wenn sie mir in meinem Reich zu nahe kommt, Kapitän und Hochverräter an seinem eigenen Volk!«

Ich spie kräftig aus und tatsächlich traf den sprachlos gewordenen Mann auf der anderen Seite eine gehörige Portion davon.

Donal kehrte als stolzer Sieger zurück. Zwei seiner Männer trugen die Eichenholztruhe mit den erbeuteten Schätzen der Joyce auf ihren Schultern. Jeder in Bunowen konnte sehen, daß der »Schlachtenreiche« wieder einmal seinen Namen zu Recht verdient hatte. Donal hatte den Joyce, ohne auch nur einen einzigen Mann dabei zu verlieren, ihre wichtigste Burg weggenommen. Eine solche Tat mußte gefeiert werden. Die Frauen von Bunowen wurden angewiesen, alles für das abendliche Festgelage vorzubereiten. Die Harfen- und Flötenspieler sollten kommen, und auch vom Whiskey und Honigbier sollten sie bloß genug bereitstellen.

»Schade, daß der Barde schon abgereist ist!« kam es heuchlerisch über die Lippen des Siegers. Der sonst eher knausrige Donal war bei bester Laune und gab sich aufgekratzt, als er mit hoch erhobenem Haupt in unser Schlafzimmer trat.

»Die Joyce werden zukünftig in den Wäldern schlafen müssen«, prahlte er. »Zumindest der Rest, der von ihnen noch übrig geblieben ist.«

Er sah mich an, als erwarte er von mir einen Jubelschrei. Schließlich war es meine Pflicht als seine Frau, ihn als strahlenden Helden gebührend zu würdigen.

Aber ich schwieg.

Irritiert blickte er an mir vorbei zum Fenster. »Ich habe eine ganze Truhe voll Geschmeide und Geld mitgebracht. Auch Waffen konnte ich erbeuten.«

»Schön! Ich habe drei.«

»Drei was?«

»Drei Truhen. Ich habe drei Truhen erbeutet.«

Donal stierte mich an. Sein Atem ging auf einmal schwer. Es tat mir gut, ihn um Fassung ringen zu sehen.

»Geh zu deinen Leuten, und teile den Inhalt deiner Truhe unter ihnen auf«, fuhr ich in kühlem Ton fort zu sprechen. »Ich habe meine Männer bereits entlohnt. Die drei Truhen sind unser.«

»Von wem?« krächzte er heiser. Der »Schlachtenreiche« war plötzlich sehr blaß geworden.

»Galway«, antwortete ich und winkte dabei lässig ab. »Wirklich, es ist nicht der Rede wert.«

»Galway!« hauchten seine Lippen tonlos. Dann drehte er sich um und eilte aus dem Zimmer hinaus.

»Warum haßt du ihn so sehr? Warum mußt du ihn demütigen? Oh, ich hasse dich. Ich hasse dich«, drang plötzlich die aufgeregte Stimme von Margret an mein Ohr. Meine Tochter mußte unser Gespräch belauscht haben, ohne daß wir es bemerkt hatten. Nun trat sie dichter an mich heran. Margret war noch nicht einmal fünfzehn Jahre alt und hatte den hohen schlanken Wuchs von mir geerbt. Sie würde einmal eine schöne Frau werden. Jetzt aber waren ihre weichen Gesichtszüge von Wut verzerrt. Sie spuckte vor mir auf den Boden.

»Du bist keine Mutter!« schrie sie. »Du bist nie eine Mutter gewesen. Mir nicht. Owen nicht. Und Murrough nicht. Du bist noch nicht mal eine Frau. Das reden Donals Männer hinter seinem Rücken. So habe ich sie sprechen gehört, und wenn ich es hören kann, dann wird es auch Donal erfahren können. Was bist du eigentlich, Grace O'Malley, daß du glaubst, einen Mann so behandeln zu dürfen?«

Ihre Stimme brach abrupt ab. Tränen liefen über ihre Wangen. Sie schluchzte. Ich griff nach ihr, um sie in den Arm zu nehmen. Zornig wehrte sie ab.

»Laß mich, du … du … Monstrum! Ich hasse dich. Ich werde dich immer hassen.« Heulend rannte sie von mir weg.

Ich wandte mich um und schritt langsam zum Fenster. Stumm und verletzt starrte ich hinunter in den Hof, auf dem es lebhaft zuging. Rehböcke und Fasanen wurden von den Frauen für das Mahl am Abend vorbereitet. Der Wind spielte mit den ausgerupften Federn, und das Blut des ausgewaideten Wilds versickerte im Boden. Kinder tollten ausgelassen zwischen den Beinen ihrer Mütter herum. Männer rollten schwere Fässer ins Haus. Andere reinigten sorgfältig ihre Waffen oder unterhielten sich. Lachen und

Freude sah ich in fast allen Gesichtern. Mir war nicht danach zumute.

Nun war es heraus. Ich war also ein Monstrum. Ich war keine Frau. Ich war keine Mutter. Ich war etwas anderes, etwas Unmenschliches. Margret hatte es ausgesprochen. Meine Familie haßte mich also. Ich hatte es nicht bemerkt. Haßte *ich* Donal?

Meine Augen fanden Murrough, meinen ältesten Sohn. Er sprach mit Ruri Oge, dem besten Seemann, der mir im Clan der O'Flahertys begegnet war. Traurig und zärtlich zugleich liebkoste ich in Gedanken Murroughs Gesicht. Seine Geburt hatte mich eine Zeitlang vom Unglück meiner Ehe abgelenkt. Murrough! Wie klein und hilflos du gewesen bist! Wie schön das Gefühl gewesen ist, wenn du friedlich an meiner Brust lagst und daran saugtest. Wie herrlich ich mich fühlte, als deine kleinen rosa Finger meinen Körper zu entdecken suchten. Ich war so glücklich, Mutter zu sein, daß ich den Kummer mit Donal, der sich von Tag zu Tag schlimmer aufführte, vergessen konnte. Nun bist du ein Mann, Murrough, und verhältst dich fast wie dein Vater. Unbeherrscht bist du wie er. Auch du lebst bereits in dem Wahn, daß sich eine Ehefrau ihrem Mann zu unterwerfen hat. Wann hast du mich das letzte Mal liebevoll Mutter genannt? Jetzt, jetzt hast du mich hier oben stehen gesehen. Warum grüßt du mich nicht? Warum drehst du dich hastig um und weichst meinem Blick aus? Weil ich ein Monstrum bin? Weder gute Mutter noch Ehefrau. Sondern eine Frau des Meeres?

In der Ferne brach sich eine hohe Welle am Bullrock-Riff. Weit trug der Wind die weiße Gischt über das Meer. Über das Meer und über ganz Connacht. Ich spürte ihr salziges Naß auf meinen Wangen und auf meinen Lippen. Oder was sonst rann mir da mit einem Mal über das Gesicht?

7 Veränderungen und Heimkehr nach Clare Island

Die Jahreszeiten wechseln in Connemara so schnell wie die Launen der Menschen, sagt ein Sprichwort. War es nicht erst gestern gewesen, daß mich Donal nach Bunowen entführte? Oder schienen mir bloß zwanzig Jahre wie im Fluge vergangen zu sein?

Unser Überfall vor Jahren auf das Schiff von Galway konnte nicht ohne Folgen bleiben. Über dem Westtor der Stadt hatte man ein Schild angebracht mit der Inschrift »Oh, gütiger Gott, befreie uns ein für alle Male von den wilden O'Flahertys!« Die braven Einwohner von Galway stellten auch den Handel mit uns endgültig ein. Zu allem Ärger erwiesen sich diese Iren plötzlich als loyale Untertanen Ihrer Majestät, Elisabeth von England. Mehr noch als ihr Vater Heinrich VIII. betrieb sie die völlige Unterwerfung Irlands. Bislang war Connacht noch dem englischen Machthunger entgangen. Mit ihrem Gouverneur, Sir Edward Fitton, den uns Elisabeth 1565 auf den Hals schickte, wollte sie auch Connacht und damit die O'Malleys, O'Flahertys und die Burkes in die Knie zwingen. Fitton war ein ewig übelgelaunter, streitsüchtiger Mann. Gegen uns hat er viele Hunderte von Männern verloren. Die jungfräuliche Königin in London, wie man sie nennt, hatte durch die Niederlagen nicht nur Soldaten, sondern auch eine Menge Geld eingebüßt. Natürlich schmeckte ihr das überhaupt nicht. Dennoch nahm ihr Druck auf Connacht von Jahr zu Jahr zu. Sogar zu bestechen versuchte sie die einzelnen Clan-Führer. Wie lange würde sich das freie Irland wohl noch halten können?

Donal behauptete sich nach wie vor in Joyce' Land. Die Joyce hatten mehrmals vergeblich versucht, Castlekirk zurückzuerobern. Ihre Versuche scheiterten an ihrer einmaligen Tölpelhaftigkeit. Zwischen Donal und mir herrschte ebenfalls Krieg. Seit jenem Tag vor sechs Jahren hatte ich mehr als der »Schlachtenreiche« damit begonnen, die Kassen des Clans durch Beutezüge zur See aufzufüllen. Galways Schiffe trauten sich nur noch mit einer starken Schutzflotte aus dem heimischen Hafen heraus. Mitunter kam es vor, daß ihnen auch ihre Schutztruppe gegen uns nicht beistehen konnte. Außerdem hatte ich zum ersten Mal O'Flahertys nach Portugal, Spanien oder Frankreich übers Meer geführt. Jedesmal hatten wir einen guten Handel mit einigen Städten auf dem Kontinent gemacht. Der größte Teil des O'Flaherty-Clans stand hinter mir. Donal tobte.

»Ich verbiete dir, dich weiterhin als Seekapitänin aufzuspielen«, schnauzte er mich einmal in Gegenwart der wichtigsten Clanleute an.

Ruhig trat ich ihm entgegen und erwiderte:

»Reden kannst du viel. Versuch doch einmal, mich daran zu hindern. Mehr als dreihundert Männer gehorchen meinen Befehlen. Und die meisten von ihnen sehe ich an diesem Ort versammelt.« Donal schnaubte verächtlich und mußte doch klein beigeben. Wenige Wochen später ermordete er mit der Axt Walter Burke – Clanführer der Burkes – feige von hinten. Er hatte ihm anders nicht beikommen können. Donals Ansehen sank mit diesem Meuchelmord von einem Tag zum anderen. Er mußte damit rechnen, als Führer abgewählt zu werden. Verzweifelt bestritt Donal die Tat, bei der ihn doch fünf Menschen gesehen hatten. Dadurch machte er seine Schuld nur noch größer. Auch Margret, Murrough und Owen fanden für Donals feiges Leugnen keine Entschuldigung und rückten in jener Zeit entschieden von ihrem Vater ab.

Eines Nachmittags saß ich mit Finola, der ich mehr vertraute als jeder oder jedem anderen, an meiner Lieblingsstelle am Strand. Niemand außer Finola hätte mich dorthin begleiten dürfen. Eine Weile waren wir beide schweigend in das Spiel der Wellen vertieft. Irgendwann fing Finola an, auf ihre unnachahmliche Art eine Geschichte zu erzählen. Wie gern habe ich ihren magischen Wort-Bildern gelauscht!

»Von einem weisen Barden hörte ich vor Jahren einmal ein schönes Gleichnis. Es handelt von Geburt und Tod der ganzen Welt und deshalb auch vom Leben und Sterben jedes einzelnen. Er sagte: Uranfänglich war nur ein Ozean – unbewegt, still, wellenlos wie eine gefrorene glatte See – schwarz, ohne Unterschied, raum- und zeitlos wie ein Wasser, das niemals geflossen ist.

Und dieses unbewegte Wasser sprach zu sich selbst:

Wie wäre es, wenn ich mich urplötzlich nach allen Richtungen hin verströmen würde; mich auflöste in Rinnsale, Bäche, Ströme, Flüsse, Teiche, Seen und Meere; mich vereinzelte in Billiarden von kleinen Wassertropfen, jeder von ihnen anders in Farbe, Ton und Geschmack, und ich dahinschösse – hinein in einen gewaltigen Kosmos von Möglichkeiten? Still auf dem Grunde der Tiefsee, sie läge mit ihrem gewaltigen Druck auf mir; als Welle würde ich gegen den harten Fels mit der Brandung geschleudert, so daß ich als Gischt hoch hinaufschösse in den Himmel und durch die Lüfte flöge wie ein Vogel. Oder wenn ich rasend schnell dem sprudelnden Gebirgsbach folgte, über spitze Steine schleifend und durch üppige Wiesen plätscherte, bis ich schließlich über eine turmhohe Klippe hinunter in den sicheren Tod des Wasserfalls stürzte.

Wie herrlich muß es sein, entstehen und vergehen zu können! Leben und Tod wären meine zwei Horizonte, darin Lust und Qual, Schmerz und Freude jedem einzelnen Tautropfen seine ureigene Geschichte gäben und auf ewig seine Einzigartigkeit prägten.

Oh, wie sehr liebte ich jede einzelne Träne!

Oh, wie wichtig wäre mir jede von ihnen!

Und so verströmte ich mich weiter – in die Unendlichkeit hinein, bis sich eines Tages alle meine Ströme und Wasser gegenseitig wieder anzögen, so stark, daß sie sich zurückholten aus der unendlichen Raumzeit und sich zusammenzögen zu dem einen Ozean, der ich war, bevor alles wurde.

So wäre ich schließlich wieder eine kalte gefrorene See – aber zum ersten Mal nicht mehr unterschiedslos zu mir selbst, sondern durchlebt, verändert, individuell gestaltet, so daß ich mich neu bedenken könnte unter all dem Erlittenen und Erfahrenen der Billiarden von Wassertropfen.

Und wer weiß?

Vielleicht träte ich dann neu über meine Ufer und strömte hinaus in einen anderen gewaltigen Kosmos von Möglichkeiten, nicht unwissend wie beim ersten Mal, sondern mit einem erweiterten Horizont meiner selbst.«

Finolas wunderbare Geschichte ließ mich verzaubert in den glitzernden Spiegel des Wassers blicken, auf dem das Licht der Sonne tanzte. Ich war tief bewegt, und die Vorstellung dessen, was ich eben vernommen hatte, trug mich weit davon. Verzaubert und losgelöst von mir selbst, verwandelte sich das Meer vor meinen Augen. Plötzlich war das Wasser wie ein blankgeputzter Spiegel. In ihm tauchten Gestalten auf. Ich sah Menschen und Berge im Hintergrund. Dann wieder schaute ich auf den breiten Rücken eines einzelnen Mannes, der offenbar allein durch die Wildnis Connemaras schritt. Irgendwie kam mir sein Gang vertraut vor. Aber ich erkannte ihn nicht. Dann – sah ich einen Pfeil durch das Dickicht fliegen. Er zielte auf den Rücken des Mannes, der getroffen zu Boden sank. Ein zweiter Pfeil traf ihn in die Seite. Der Mann schlug der Länge nach hin. Nun konnte ich sein Gesicht erkennen.

»Bei Lug!« hörte ich eine Stimme neben mir reden. Es war Finola, die so gesprochen hatte. »Donal ist tot! Die Joyce haben ihn ermordet«, sagte sie. »Dagda hat uns in seinen Kessel blicken lassen, in dem die Wege der Menschen aufgezeichnet sind.«

Erschüttert blickte ich sie an. Donal hatte also seine gerechte Strafe gefunden. Aber es mischte sich auch Trauer in meine Gedanken. Geliebt hatte ich diesen Mann sicherlich nicht. Dennoch hatte ich mit einem Schlag einen Menschen verloren, an dessen Seite ich zwanzig Jahre lang gelebt hatte. Bedrückt schlich ich mit Finola nach Bunowen zurück.

Die geliebten Berge von Cliara tauchten bereits am Horizont auf. Cliara oder Clare Island sollte nach dem Tode Donals wieder mein Zuhause werden. Seine hinterhältige Ermordung durch die Joyce hatte beim O'Flaherty Clan für wilde Empörung, nicht aber für Trauer gesorgt. Schließlich hatte sich auch der »Schlachtenreiche« unehrenhaft benommen. Aber die Männer dürsteten nach Blut. Alle Augen waren auf mich gerichtet und warteten auf ein entsprechendes Zeichen der gefaßten Witwe.

»Es wäre töricht, die Joyce jetzt anzugreifen«, erklärte ich den versammelten Kriegern auf dem Burgplatz. »Sie rechnen damit und haben sich darauf vorbereitet. Wir sollten sie für ihre feige Tat bestrafen, wenn sie sich im Frieden wähnen.«

Einige der Männer murrten und forderten laut, daß jetzt der Augenblick gekommen sei, den Joyce klar zu machen, wer Herr in Connemara sei. Nicht in einem Jahr oder noch später.

»Die Joyce haben sich mit den O'Lee von Galway gegen uns verbündet«, gab ich zu bedenken. »Dieser Pakt wird sich wieder auflösen, wenn wir so handeln wie sie es jetzt von uns erwarten. Rache hat Zeit, und es ist selten gut um sie bestellt, wenn ihr Blut kocht. Die O'Flahertys sind keine Wolfshunde, von denen irgend jemand glaubt, sie scharfmachen zu können, damit sie das Opfer anspringen. Die

O'Flahertys handeln klug und nicht wie Hitzköpfe, die sich ins blanke Messer werfen.«

Ich war mir vollkommen sicher, daß so zuvor noch niemand zu den Männern der O'Flaherty gesprochen hatte. Und vor allen Dingen keine Frau! Aber meine Worte verfehlten ihre Wirkung nicht. Viele der versammelten Krieger hatten längst erfahren müssen, wie kriegstüchtig ich zur See war. Sie vertrauten mir. So wurde schließlich mein Vorschlag angenommen, für die Bestrafung der Joyce einen günstigen Zeitpunkt abzuwarten. Letztlich erfüllte mich das Einlenken der Männer mit Stolz. Ich war nicht ihr gewählter Sept, und dennoch hatten sie mich als solchen betrachtet.

Mein Entschluß, Bunowen zu verlassen, kam nicht von ungefähr. Ich wollte nach Clare Island zurück, das ich viele Jahre lang nicht mehr gesehen hatte. Wie ging es Black Oak und Margret, meiner ewig schüchternen Mutter? Aber bevor ich nach Belclare Castle zurückkehren konnte, hatte ich in Connemara noch einige wichtige Entscheidungen zu treffen. Meinem Sohn Owen übertrug ich die Aufgabe, Castlekirk gegen die Joyce zu halten. Murrough, der Erstgeborene, erhielt Bunowen und Ballinahinch. Margret, die niemals aufgehört hatte, mir mit ihrem weibischen Gerede auf die Nerven zu fallen, nahm ich auf dem Schiff mit, nach Cliara.

»Nein. Niemals! Auf ein Schiff kriegst du mich nicht. Dort stinkt es nach salzigem Hering und dem Schweiß der Männer. Ich benehme mich wie eine Frau. Du, Mutter, hast dich eben anders entschieden.«

Ich winkte zwei Männer heran und zeigte mit dem Finger demonstrativ auf Margret. Die zwei packten sie und schleppten die Schreiende und Kratzende aufs Deck. Als wir ablegten, schaute ich noch einmal zu Bunowen hinüber. An diesem Ort hatte ich zwanzig Jahre meines Lebens verbracht. Ich war sechsunddreißig Jahre alt. Sollte die beste Zeit meines Lebens damit schon vorüber sein?

Endlich trugen mich die Winde näher an die Insel meiner Kindheit heran. Ruri Oge stellte sich neben mich ans Ruder.

»Du hast wieder einmal klug gewählt, Grania. Clare Island liegt strategisch günstig, und die Truppen dieser englischen Königin sind bis hierher noch nicht vorgestoßen. Im Süden stehen sie bereits vor den Toren Connemaras.«

»Ich würde ihnen auch nicht raten, hierher zu kommen«, antwortete ich ihm, ohne meinen Blick von Cliara zu nehmen.

Grania. Ruri Oge hatte mich Grania genannt. Wie lange hatte ich diesen Kosenamen nicht mehr vernommen?

»Wenn wir daheim sind, werde ich dir Ulick vorstellen. Er dürfte ein Seemann nach deinem Geschmack sein.«

»Na, dann können wir ja endlich die ganze Welt erobern!« Seine Stimme klang enthusiastisch.

»Die ganze Welt? Aber die gehört uns doch schon, Ruri Oge. Nun müssen wir nur noch für sie Sorge tragen.«

Ich sah es in seinen Augen, daß er mich nicht verstand. Er würde es noch. Dessen war ich mir sicher.

Meine Flotte – bestehend aus drei Schiffen und zweihundert Männern – segelte in den Hafen von Belclare. Sofort erkannte ich, daß etwas nicht stimmte. Der größte Teil von Black Oaks Schiffen lag fest vertäut und dümpelte traurig vor sich hin. Die Schiffe erweckten ganz den Eindruck, als seien sie monatelang nicht mehr benutzt worden. Auch der Hafen ließ lebhaftes Treiben von Menschen und die emsige Geschäftigkeit der Händler vermissen. Eine bleierne Stille hatte sich über die Burg Belclare und die Ankerplätze gelegt. Was konnte nur geschehen sein?

Belclare war verlassen. »Wo steckt mein Vater?« fragte ich eine Frau, die schon, als ich noch ein Kind war, zu den flinkhändigen Spinnerinnen meiner Mutter gehört hatte. »Er lebt jetzt auf Cathair na Mart und trauert.«

»Er trauert?«

Sie nickte. »Margret ist vor einem halben Jahr gestorben.«

Davon hatte mir niemand etwas gesagt. Falls es eine Nachricht für mich gegeben hatte, dann war sie nicht nach Connemara vorgedrungen. Black Oak hatte sich also auf seine alte ungemütliche Burg Cathair zurückgezogen. Sie war aus groben Steinen erbaut worden und besaß ein Verlies, in dem in früheren Zeiten viele Gefangene elendig verreckt waren. Ihre vermoderten, rattenzerfressenen Skelette sollten noch immer dort unten in der Finsternis verfaulen. Damit hatte mich mein Vater zu erschrecken versucht, als ich noch ein Kind war. Hastigen Schritts eilte ich jetzt zu ihm. Black Oak befand sich in einem ähnlich jämmerlichen Zustand wie seine alte ungemütliche Burg. Seine Kleidung hing verfilzt und schmutzig an seinem Körper. Sein Haar hatte er sich offensichtlich büschelweise ausgerissen. Aus Gram über Margrets Tod? Ich wollte es nicht glauben.

Mitleid überkam mich beim Anblick dieses Mannes, der immer mein Vorbild gewesen war. Ich zog ihn an mich, um ihn in die Arme zu schließen. Aber er stieß mich von sich.

»Der Himmel hat sich verdunkelt. Ist ohne Sonne. Margret hat mich verlassen«, flüsterten seine Lippen dunkel.

Zärtlich beugte ich mich über ihn. Mein langes Haar fiel dabei wie ein Schleier über sein müdes Gesicht. »Ich bin's. Granuaile. Deine Tochter. Ich werde von nun an für dich sorgen.«

»Ich will niemanden um mich haben außer Margret«, fuhr er mich zornig an. Zum ersten Mal seit ich zu ihm gekommen war, schien er mich überhaupt richtig wahrzunehmen. Er musterte mich von oben bis unten mit seinen wässrigen Augen.

»Ich brauche eine richtige Frau. Eine, von denen die gälischen Barden singen und deren sechs Tugenden sie preisen: die Schönheit ihres Körpers, die Zartheit ihrer Stimme, die Feinheit ihrer Rede, ihr flinker Umgang mit der Nadel, ihre unbefleckte Jungfräulichkeit und ihre weibliche Intuition. Meine Margret besaß alle diese Tugenden reichhaltig. Und nun geh und schau dich an!«

Seine Zurückweisung war brutal und vollständig.

»Ich bin, was du aus mir gemacht hast«, stammelte ich hilflos. »Mit dir bin ich zur See gefahren. Ich habe nur von dir gelernt.«

»Du hättest von Mutter lernen sollen. Welcher Teufel reitet dich, zu glauben, daß du mein Sohn werden könntest? Schau dich an. Du trägst ja Männerkleidung.« Sein Blick wandte sich angewidert von mir ab.

»Ich segelte mit dem Schiff von Connemara zu dir. Als ich jünger war, habe ich an Deck häufig Männerkleidung getragen. Damals konntest du darüber lachen.«

»Damals ist nicht heute. Geh jetzt. Laß mich allein. Du kannst Belclare bewohnen. Es ist jetzt ohnehin egal.«

Verwirrt schüttelte er seinen Kopf. Seine Finger verkrampften sich in seinem Haar. Black Oak war nur noch ein Schatten seiner selbst. Als ich hinausging, hörte ich ihn noch reden.

»Unfaßbar. Meine Tochter glaubt ein Mann zu sein. Oh, Margret. Ich bin allein. Wie konntest du mich nur in diesem Jammer zurücklassen?«

Auf meinem einsamen Weg zurück nach Belclare kam mir Ulick entgegen. Das riß mich aus meinen trübseligen Gedanken. Eine halbe Ewigkeit schien verstrichen zu sein, seit wir uns zuletzt begegnet waren. Herzlich, wie alte Freunde, begrüßten wir uns und hatten uns viel zu erzählen. »Zuletzt habe ich deines Vaters Schiffe nach Spanien gesegelt. Black Oak hat die Seefahrt aufgegeben.«

»Er hat so vieles aufgegeben«, sagte ich bitter. »Vor allen Dingen sich selbst. Belclare und der Hafen liegen verwaist. Es ist eine Schande. Aber das wird sich schon morgen ändern.«

»Du willst bleiben?« Ulick zeigte seine Freude darüber nur zu deutlich.

Ich nickte. »Ich habe tüchtige und seeerfahrene Männer von Connemara mitgebracht. Mit ihnen werden wir den Handel noch weiter verstärken. Wir werden mehr erreichen als Black Oak es jemals vermocht hat. Bist du dabei?«

»Und ob.« Ulicks Gesicht strahlte. Dann blickte er mich plötzlich ernst an. Die ganze Zeit über hatte ich das Gefühl verspürt, daß ihm irgend etwas auf der Seele lag. Nun gab er sich einen Ruck.

»Ich weiß, daß Donal tot ist. Aber mit mir an deiner Seite wirst du sicher sein, solange ich lebe«, sagte er.

»Ich bin sicher, solange ich *mich* habe«, antwortete ich kurz, ließ Ulick stehen und eilte mit raschen Schritten den Grashang zum Hafen hinunter. Einen Mann an meiner Seite zu haben, wollte ich mir vorerst ersparen.

8 Mann aus dem Meer

Einige Monate später hatte ich mich an Belclare wieder so gewöhnt, als hätte ich die Burg niemals verlassen. Von nun an war ich die Herrin über den hohen und wuchtigen Wohnturm, der noch aus der Zeit der Normannen stammte.

Sie waren im 13. Jahrhundert nach Mayo und Clare Island eingedrungen und hatten sich längst mit der Bevölkerung vermischt. An den Familiennamen konnte man allerdings die normannischen Vorfahren erkennen. Burke oder Burgh hießen sie, doch im Grunde gehörten einfach alle Familien zu ihnen, die kein O' oder Mac vor ihrem Namen stehen hatten.

Vom erhöht stehenden Belclare Castle aus ließ sich der Verkehr auf dem Meer wunderbar beobachten. Schiffe, die in ihren Holzbäuchen reiche Waren trugen, konnten schon kilometerweit entfernt auf ihrem Kurs ausgemacht werden. Vermuteten wir fette Beute, dann setzten unsere Schiffe augenblicklich Segel. Wir verstellten den Handelsschiffen den Weg und enterten sie fast mühelos. Nicht immer kam es dabei zu Toten oder Verletzten, je nachdem wie einsichtig oder uneinsichtig der Kapitän war. Auch nahmen wir niemals alle Waren mit uns. Die Engländer bezeichneten uns zwar als Diebe und räuberisches Pack, aber in Wirklichkeit haben wir unsere »Opfer« immer fair behandelt.

Eines Nachts befanden sich Ulick, Ruri Oge und Finola noch bei mir. Plötzlich sah ich durch ein Fenster Signalfeuer an der Küste von Achill brennen. Ich hatte mit den Bewohnern der Insel ein Abkommen getroffen. Sollte sich ein Schiff an den teuflischen Klippen vor der Küste von Achill den Rumpf aufreißen, so daß es Gefahr lief zu sinken, dann sollten sie mich sofort verständigen. Ich würde ihnen beim Bergen der Ladung helfen, wobei ihnen anschließend die Hälfte davon zugestanden würde.

»Da ist wohl wieder eine Karavelle auf die tückischen, scharfkantigen Felsen vor Achill gelaufen«, sagte ich zu meinen Gästen. »Ich denke, wir sollten nachschauen, was uns aus ihrem aufgeplatzten Bauch Schönes an den Strand geschwemmt wurde.«

Ruri Oge und Ulick nickten zustimmend und erhoben sich augenblicklich. Finola schüttelte lächelnd den Kopf und meinte: »Die Stürme und Klippen des Meeres sind, was sie sind. Schiffe passen sich ihnen an, oder sie sinken.«

Aufmerksam betrachtete ich die zart gebaute irische Frau einen Moment lang. Finola redete nicht viel, aber wenn sie etwas sagte, dann hatte es immer Gewicht. Ich schenkte ihr einen warmen, liebevollen Blick. Wie gut, daß sie mich von Bunowen hierher begleitet hatte. Ohne ihre Mithilfe in der Burg würde in Belclare kaum etwas richtig gelingen. Unschätzbar waren ebenfalls ihr natürlicher Verstand und ihre oftmals verblüffende Einschätzung der Dinge. Von ihrem magischen Wissen ganz zu schweigen. Als ich hinausging, sah ich Finola die Stirn nachdenklich runzeln.

»Was ist?« begehrte ich zu wissen und kam noch einmal zurück.

»Ach nichts, da war nur … Ich hatte plötzlich ein Bild, eine Vision von dem gesunkenen Schiff. Die Besatzung ist tot, aber einer …«

»Wo?« fragte ich mit bebender Stimme, weil ich großen Respekt vor Finolas seherischer Begabung hatte.

»Ich weiß nicht. Am Strand. In der Nähe sehe ich einen abgesplitterten Mast des unglücklichen Schiffes.« Sie blickte mich an und lächelte wie ein kleines Mädchen.

»Das genügt!« sagte ich und folgte Ulick, Ruri Oge und den anderen Männern.

Das große Handelsschiff war unter vollen Segeln auf das gefährliche Riff vor Achill Head aufgelaufen. Die Wucht des Aufpralls mußte den Rumpf der Karavelle von vorne bis hinten regelrecht aufgeschlitzt haben. So war sie in wenigen Minuten gesunken. Einen großen Teil ihrer Fracht sammelten wir noch auf See ein. Im übrigen lagen längs des feinsandigen Keem Strandes viele Fässer und Kisten und Stoffballen verstreut. Das Schiff mußte der Flagge nach, die das Meer verächtlich an einen Felsen gespuckt hatte, ein Franzose gewesen sein. Wahrscheinlich hatte es um die

Spitze Irlands herum seinen Weg nach Schottland nehmen wollen. Dabei hielten sich viele Kapitäne nur zu gern in Küstennähe auf, deren Untiefen und Gefahren sie häufig unterschätzten. Uns konnte es recht sein. Ein Wrack gehört jedem, der seine Hand danach ausstreckt. In einem Curragh ließ ich mich hinüber zum Keem Strand rudern. Die einheimischen Fischer von Achill waren bereits dabei, die kostbare Beute unter sich aufzuteilen. Ich ließ sie gewähren. Meine Augen wanderten im hellen Licht des Vollmondes suchend umher. Sie fanden den abgesplitterten Großmast des Seglers. Nur wenige Meter von ihm entfernt, stießen sie auf einen dunklen Körper. Hastig trat ich näher. Ruri Oge war mir gefolgt. Nun kam er heran. Er betrachtete den an den Strand geworfenen Körper, den ich gerade vorsichtig auf den Rücken drehte.

»Wer ist er? Oder besser: Wer war er?« fragte er mich.

»Er lebt! Kannst du denn nicht sehen, daß er atmet?« platzte ich heraus. »Schnell! Reibe seine Hände und seine Füße, damit die Wärme in seinen Leib zurückkehrt. Und dann stell ihn auf den Kopf, damit das Wasser wieder aus ihm herausläuft.«

Ruri Oge blickte mich für einen Moment verstört an. Dann tat er, wie ich ihm geheißen. Ich winkte noch ein paar andere Männer herbei. »Legt ihn später vorsichtig ins Boot und bringt ihn nach Belclare. Finola und ich werden uns dann weiter um ihn kümmern.«

Sie trugen ihn die engen Stufen hinauf ins Zimmer und legten ihn auf mein Bett. Den Entschluß, ihn so nah bei mir zu haben, hatte ich spontan gefaßt. Zusammen mit Finola zog ich dem Fremden seine nassen Kleider vom Leib. Danach packten wir den Bewußtlosen in mehrere Decken ein. Anschließend holte meine kluge Freundin einen kleinen mit Sand gefüllten Sack, den sie zuvor nahe am Kaminfeuer niedergelegt hatte. Sie schob ihn in das Bett zwischen die Füße des Mannes, damit die Hitze in seinen Körper überginge. Noch immer lag er bewußtlos vor uns, atmete schwach, aber regelmäßig. Plötzlich begannen seine Augenlider leicht zu zittern, doch er wachte nicht auf.

»Das Leben wird in ihn zurückkehren«, sagte Finola. »Er hat einen gesunden, starken Körper. Morgen früh wird er schon wieder Hunger verspüren.«

Mehr konnten wir nicht für ihn tun, und so ließ sie mich mit ihm allein. Aufmerksam betrachtete ich den fremden Mann, der friedlich in meinem Bett lag. Sein dichter Haarschopf war blond und leicht gewellt. Anders als bei den irischen Männern hatte er sein Gesicht glattrasiert, wodurch seine weichen Gesichtszüge zur Geltung kamen. Wer war dieser Mann? Seine fast schwielenlosen Hände erzählten mir, daß sie nicht an die harte Arbeit eines Seemanns gewöhnt waren. Zwar war er gut gebaut und kräftig, dennoch wirkte er eher wie ein reicher Händler auf mich. Andererseits machte seine zerfetzte Kleidung doch einen sehr ärmlichen Eindruck. Nun ja. Das Rätsel um diesen Mann würde ich doch erst am nächsten Morgen lösen können. Ich löschte die Kerze aus. Dann kroch ich vorsichtig, als hätte ich Angst, daß er aufwachte, unter die Decke neben ihn. Wie fremd sich mein Bett neben diesem Unbekannten auf einmal anfühlte. Hätte ich ihn doch besser zu den Männern stecken sollen? Ach was! Er ist nur ein Mann, den ich aus dem Meer gefischt habe. Nur ein Mann, dachte ich schläfrig. Und trotzdem machte mich seine physische Gegenwart auf eine Art unruhig, wie ich es noch niemals bei einem Mann verspürt hatte. Zuletzt schlief ich ein, um von heftigen erotischen Träumen heimgesucht zu werden.

Als die ersten Strahlen der Sonne mein Gesicht kitzelten und ich die Augen aufschlug, lag ich an seinen warmen Körper gepreßt. Meine rechte Hand ruhte auf seiner nackten Hüfte. Ich fühlte seine Lippen an meinem Ohr, während seine Finger behutsam über meine Brüste strichen. Sein Atem ging schneller. Und plötzlich war es, als würde ein Damm in mir brechen und ein wilder Strom sich endlich Bahn brechen, der zu lange zurückgedrängt worden war. Ich begann, sein zerwühltes Haar zu liebkosen und spürte seine Lippen an meinem Hals. Unsere Münder fanden sich, und gierig erkundeten zwei kleine zischelnde Schlangen die Mundhöhle des anderen. Dabei streichelten seine Hände meinen ganzen glühenden Körper und wurden nicht müde darin, Stellen zu entdecken, die unser beider Lust noch mehr entfachten. Niemals zuvor habe ich die verschiedenen Färbungen der Lust erleben können wie bei diesem Mann aus dem Meer. Er hat mich nicht übermannt, wie es oft Donals brutale Art gewesen ist. Dieser hier hat gewartet, bis ich den letzten Abgrund gespürt habe. Dann erst drang er in mich ein, und wir liebten uns, als hätten wir die Liebe neu erfunden. »Halt mich!« stöhnte ich und war vollkommen unvorbereitet auf den Schock des Jubels, der meinen Körper plötzlich durchzuckte. »Jaaa!« schrie ich, und mein Atem ging so schwer, als stiege er vom Grunde der See auf. Ich lag erschöpft und glücklich zugleich. Dann blickte ich in das lächelnde Gesicht des Fremden.

»Ein ganzes Königreich für das zauberische Spiel deiner Hände«, flüsterte ich.

Geschmeichelt betrachtete er sie. »Es sind bloß die Finger eines Marionettenspielers«, antwortete er, woraufhin ich ihn verdutzt anstarrte.

Belclare erbebte von den Stimmen und dem Treiben der Menschen, die sich zum Markt eingefunden hatten. Auf dem Platz vor der Burg und am Hafen hatten Händler ihre Stände aufgebaut und boten ihre Waren feil. Begehrt waren spanische und französische Weine, die ich durch meine Handelsbeziehungen zur See nach Irland gebracht hatte. Auf der irischen Insel gedeihen die empfindlichen Weinreben wegen des regnerischen Klimas nicht so gut. Ein Spanier hatte mir mal gesagt, daß irischer Wein, falls es uns jemals gelingen sollte, ihn anzubauen, so sauer wie Essig schmecken würde. Wahrscheinlich hat er recht gehabt. Sonnenstunden sind in Irland rar. Um so mehr begannen die Menschen von Clare Island und von Mayo die süßen, süffigen Weine aus dem Süden Europas zu schätzen.

Träumend stand ich in der Nähe des Burgtores, als ich mit einem Mal Huw in dem dichten, wogenden Menschenknäuel entdeckte. Mein aus dem Meere gezogener Geliebter feilschte gerade mit einem sommersprossigen und schmerbäuchigen Mann um eine hübsche französische Pistole. Huw hatte mir erzählt, daß er in Norwegen geboren und aufgewachsen sei. Durch seine lebhaften Schilderungen hatte er mir ein anschauliches Bild vom harten Leben in den engen Bergtälern seiner Heimat vermittelt. Huw hatte es dort nicht ausgehalten. Mit vierzehn Jahren verließ er den Hof seines Vaters und bereiste fast alle Länder Europas zu Pferd, zu Fuß oder mit dem Schiff. In Frankreich lehrte ihn jemand das Puppenspiel. Schließlich wurde er so geschickt darin, daß er damit durch die Lande ziehen konnte, um sich Geld zu verdienen. Huw war ein wunderbarer Mann. Die Geschichten, die er in seiner unnachahmlichen Art zu erzählen wußte, hatten mich schon so manchen Abend bis spät in die Nacht hinein wie eine Süchtige an seine Lippen gefesselt.

»Man sagt, du sollst jetzt mit einem ausländischen Seemann zusammenleben, als wäret ihr Mann und Frau«, keifte Black Oak mich eines Tages unvermutet an. Seit Monaten hatte ich meinen hinfälligen Vater nicht mehr aus seinem Loch herauskommen sehen. Jetzt erhob er sich plötzlich vor mir wie das Jüngste Gericht.

»Und wenn es so wäre?« sagte ich abweisend.

»Der Teufel soll dich holen, Granuaile. Margret hätte niemals …«

Seine Stimme überschlug sich, und schließlich schluchzte er nur noch haltlos. Was war aus dem mannhaften Vorbild meiner Kindheit nur geworden? Gebückt schlurfte die eingestürzte »Schwarze Eiche« davon.

»Die Menschen werden dein Verhalten mißbilligen. Wann hat man jemals davon gehört, daß sich eine Frau einen Mann hält, ihn nicht heiratet, sondern ihn nur in ihrem Bett aufbewahrt?« hatte mich Ulick auch noch angefahren. In seinen Augen las ich Eifersucht und die kalte Wut des Mannes, der zurückgewiesen worden war.

Ich war viel zu glücklich, als daß ich seinem Vorwurf mit Härte begegnet wäre. Statt dessen faßte ich ihn zärtlich bei den Schultern.

»Gönne mir, lieber Freund, was ich jahrelang entbehrt habe. Und was die Menschen hier angeht. Es geht ihnen mit mir als Sept so gut wie niemals zuvor.«

»Mit dir als Sept?« Ulick schaute mich an, als sei ich ein Geist. »Noch nie ist eine Frau zum Sept gewählt worden.«

»Dann werde ich den Anfang machen«, entgegnete ich kühl. »Wer außer mir sollte für den Clan besser sorgen können? Kannst du mir das sagen?«

Meine Gedanken waren von Huw abgeschweift. Ich konnte ihn im Gewühl nicht sofort finden. Wo steckte er nur?

Huw hatte sich auf dem Markt jede Menge Faden, eine gute Nadel und Stücke weichen Holzes von der Größe eines Wasserkruges besorgt. Stoffetzen und kleine Nägel waren ihm von Finola aus der Burg gebracht worden. Nun hockte er auf einem Faß und begann mit geschickten Händen das Holz mit einem scharfen Messer zu bearbeiten. Huw schnitzte kleine Köpfe und gab ihnen genaue Gesichtszüge. Dann schnitt er schmale Stoffstreifen, die als Verbindungen zwischen Gliedmaßen und Körper zu dienen hatten, und

dann größere, kompliziertere Formen für die Kleidungs-
stücke. Fäden wurden in passende Längen gebracht. Sie
brachte er an den Ohren, Händen, Knien und Rücken seiner beiden Marionetten an. Die anderen Fäden befestigte er
an den Führungskreuzen, die er in beiden Händen halten
konnte. Die Beherrschung zweier Marionetten zugleich,
hatte er mir erklärt, bedeutete, daß er auf einen separat
gehaltenen Führungsstock für die Knie der Puppen ver-
zichten mußte. Doch hatte Huw längst gelernt, wie er statt
dessen die steif ausgestreckten vorderen zwei Finger seiner
Hand dafür einsetzen konnte.

Die Frauen und Männer von Clare Island hatten so etwas
noch niemals zuvor in ihrem Leben gesehen. Als die Puppen plötzlich »lebendig« wurden, wichen sie erschrocken
vor dem Magier auf dem alten Faß zurück.

»Kommt alle her zu mir!« rief Huw ihnen zu. »Ich werde
euch eine Geschichte vorspielen, die euch sicherlich gefallen wird. Ich habe zwar nur zwei Puppen, aber das
wird ausreichen. Die eine Puppe hier ist eine Frau. Beachtet den steifen Kragen und den weiten Umhang. Sie ist
Elisabeth von England. Die andere Puppe – blickt nur in
diese häßliche Visage – ist ihr Lord Gouverneur, Sir Edward
Fitton.«

Um Huw hatte sich schnell ein großer Kreis von Neugierigen gebildet. Schließlich wollte Huw eine Geschichte
von zwei ihnen allen verhaßten Menschen erzählen: von
der englischen Königin und diesem Schinder Irlands. Das
versprach aufregend zu werden. Mit aufgerissenen Mün-
dern und großen Augen erlebten sie staunend das erste
Marionettenspiel ihres Lebens.

Huw kletterte behende auf das Faß und zog an den Fäden
der Puppen. Die Vorstellung begann. Elisabeth saß steif auf
ihrem Thron, einem alten Stein, den sicherlich die Hunde
von Belclare schon des öfteren angepinkelt hatten. Fitton

näherte sich ergeben der Königin und sank vor ihren klobigen Füßen in den Staub. Plumps! lag er da. Dabei stieß er sich sein zartes Holznäschen krumm. Die Zuschauer wieherten vor Begeisterung.

»Erheb dich, mein Untergebener! Was hast du mir Neues von den wilden Iren zu berichten?«

»Oh, meine Königin«, schluchzte Fitton in ein seidenes Taschentuch. »Es ist ja so furchtbar. Die Iren von Connemara und Clare Island sind die Schlimmsten von allen.«

»Das wollen wir aber auch hoffen«, kommentierten einige vergnügt aus dem Publikum.

»Sie haben die stolzen Truppen Ihrer Majestät zur Hölle geschickt und …«

»Was? Was wagst du mir da ins Gesicht zu sagen, du Wicht?« kreischte Elisabeth los. »Sie haben sie zum Teufel gejagt. Was, wenn ich das mit dir auch machen würde, Lord Fitton?!«

»Ja! Ja! Tu es! Sie soll's tun!« schrien die aufgeregten Zuschauer durcheinander.

Doch Elisabeth besann sich anders. Sie erhob sich von ihrem stinkigen Thron, stürzte sich würdevoll auf Fitton und riß ihm die adeligen Hosen herunter.

»So!« rief sie aus. »So, mit nacktem Arsch kehrst du jetzt nach Irland zurück. Vielleicht haben die Menschen von Mayo dann mehr Respekt vor dir.«

Die Menschen von Mayo lachten aus vollem Halse und schlugen Huw, der von seinem Faß heruntergestiegen war, begeistert auf die Schulter. Sie wollten mehr von seinen Marionetten sehen. Mehr von seinen respektlosen Geschichten hören. Noch stundenlang. Aber auch ich wollte etwas von ihm haben. Und so bahnte ich mir schließlich einen Weg durch die Menge und holte ihn dort raus.

»Niemand außer Finola hat mich jemals hierher begleiten dürfen. Aber dir wollte ich meine Lieblingsstelle zeigen.«

Huw küßte mich zärtlich aufs Haar und sagte gewollt pathetisch: »Dein Weg war im Meer und dein Pfad in großen Wassern, und man spürte doch deinen Fuß nicht.«

»Ist das von dir?«

»Nein, das ist ein Psalm. Nicht, daß du jetzt denkst, ich kenne sie alle auswendig. Meine Mutter hat jeden Tag einen anderen Psalm bei Tisch gebetet. Einige von ihnen haben mir gefallen. Es scheint so, als sei dieser eigens vom Propheten für dich geschrieben worden, Grania.«

Ich betrachtete meinen Huw mit den Augen einer liebenden Frau. Niemals zuvor war mir ein Mann wie er begegnet. Zum ersten Mal in meinem Leben liebte ich und hatte das Gefühl, geliebt zu werden. Mit ihm zusammen konnte ich die ganze Welt umarmen. Mit Huw in meinen Armen fühlte ich zum ersten Mal, was ich bislang entbehrt hatte.

»Selbst die Bibel preist das Meer als ewig«, sagte er plötzlich. Ich machte ein erstauntes Gesicht. »Wieso?«

»Na, heißt es denn nicht gleich am Anfang: ›Und Gottes Geist schwebte über den Wassern‹? Also waren sie beide vom Urbeginn an zusammen da, Gott und das Meer. Er hat die Welt geschaffen und die Tiere und die Menschen. Aber anscheinend das Meer wohl nicht. Wie findest du das?«

»Wenn du das meinen augustinischen Mönchen erzähltest, würden sie dich in die Hölle verdammen. Ich, die ich zur See fahre, habe immer wie jeder, der dies tut, geahnt, daß das Meer ein Gott ist.«

»Der Schiffe an Felsen schmettert und zerbricht.« Huws Stimme klang plötzlich ernst. »Ich frage mich nur, welcher Gott mich dann zu dir geführt hat, damit du mich rettest?«

Seine Augen lachten wieder. Ich umschlang seine Brust mit meinen Armen und drückte ihn fest an mich.

»Wir werden immer zusammen bleiben, Grania, nicht wahr?«

»Ja!« antwortete ich. »Nur manchmal wirst du einige Wochen ohne mich sein müssen.«

»Wann?« Seine Stimme klang ahnungsvoll.

»Morgen schon. Ich segele nach Connacht. Die Joyce haben Castlekirk zurückerobert und Owen vertrieben. Das kann nicht unbeantwortet bleiben. Sie werden nicht mit meinem Eingreifen rechnen, und um so vernichtender wird ihre Niederlage sein. Die Joyce haben Donal ermordet. Jetzt ist die Stunde der Abrechnung gekommen.«

»Mein ist die Rache, spricht …«

Ich winkte ab und erhob mich. »Laß gut sein, Huw. Ich allein weiß, was getan werden muß.«

Wenn ich das heute, im Alter, betrachte, dann muß mein verliebter Norweger in diesem Augenblick eine vollkommen veränderte Frau vor sich gesehen haben. Meine Gesichtszüge – eben noch weich und träumend – hatten von einem Wimpernschlag zum anderen eine Härte angenommen, die ihn – den Sanften – erschauern lassen mußte. In meinen dunklen Augen stand damals der Tod. Und jetzt fällt mir auch ein, was ich einen Tag zuvor Ruri Oge über mich zu Huw habe sprechen hören: »Sie ist eine Frau, aber ich bin an ihrer Seite. Und weißt du, warum? Weil ich ihren zornigen, kraftvollen Blick liebe. Menschen, die so schauen können, versprechen Aufregung und … Sieg. Grania gehört die Welt. Allein aus diesem Grunde bin ich ihr Mann.«

9 Tod eines Marionettenspielers

Nur wenige Monate haben mich mit Huw ein Leben zu zweit spüren lassen, wie ich es vorher nicht erfahren habe. Trotz der kurzen Zeit behaupte ich, daß ich diesen Mann aus dem Norden Europas so gut kennengelernt habe, um sagen zu können, wie er gedacht und für mich empfunden hat. Was genau mit Huw nach meiner Abreise von Cliara geschah, wüßte nur er in allen Einzelheiten richtig zu erzählen, wenn er es noch könnte. Finola und die Männer, die ihn begleitet haben, berichteten mir hinterher viele Einzelheiten. Daraus ergibt sich ein halbwegs klares Bild der Ereignisse.

Belclare Castle war öde und langweilig ohne Grania, fand Huw. Nun war es schon fast zwei Wochen her, daß seine Liebste das gemeinsame Bett frühmorgens verlassen hatte, um nach Connemara zu segeln. Huw hoffte sehr, daß seine Piratin schon bald wieder zu ihm unter die Decken huschen würde. Dann werde ich ein Geschenk für dich haben, Angebetete. Ich weiß auch schon was, dachte Huw. Etwas Lebendiges und Starkes!

Er sprang aus dem Bett und eilte ans Fenster, durch das die frische Seeluft zu ihm drang. Die See und das Land bedeckte ein feiner Morgennebel. Huw liebte diese Atmosphäre ganz besonders. Augenblicklich fiel ihm ein Gedicht ein:

> Wenn der Morgennebel
> sich von seiner Geliebten lösend
> langsam erhebt
> zerreißt ihn wenig später
> Frau Sonne
> mit ihrem feurigen Wagen.

Aber der Morgennebel
stirbt mit einem Lächeln
denn drunten netzt noch immer
sein tautropfenzarter Kuß
die schweren Glieder
seiner Geliebten.

Genauso empfinde ich es, jubelte Huw glücklich. Und dann schrieb er, einer Eingebung folgend, die wenigen Zeilen auf ein Papier und warf es auf Granias Bett. Gut gelaunt sprang er die Stufen hinunter und ging zu Finola in die Küche. Sie bereitete ihm ein kräftiges Frühstück. An die Buttermilch – eine gälische Delikatesse – hatte er sich nur zu gern gewöhnt. Sie schmeckte köstlich. Während er trank, wandte er sich an die geheimnisvolle Finola.

»Ich brauche ein paar Männer, die mich im Curragh nach Achill rudern.«

»Wozu?«

»Ich will auf den Slievemore steigen. Dort soll es Seeadler geben. Ich will einen jungen für Grania einfangen.«

Finola betrachtete Huw aufmerksam. Sie mochte den stets gut gelaunten und intelligenten Mann. Er war anders als Ruri Oge oder die irischen Männer. Einfach lebensfroher, und er machte aus seinem Herzen keine Mördergrube. Immer sprach er das aus, was er dachte und fühlte. Huw war aufrichtig und offen. Finola konnte Granias Liebe zu ihm verstehen. Auch wenn sich viele im Clan darüber mokierten. Doch nach Achill zu gehen, schien ihr keine gute Idee.

»Was soll Grania mit einem jungen Seeadler?«

»Ich werde ihn für sie abrichten. Er soll sie an meiner Statt begleiten, wenn es sie hinauszieht.«

Finola schüttelte den Kopf.

»Du bist verrückt«, sagte sie lachend. »So etwas Verrücktes habe ich noch nie gehört. Ein Adler als Haustier.«

Huw brummte zufrieden.

»Also, hilfst du mir, die Männer zu besorgen, die mich nach Achill rudern?«

»Es ist nicht gut, dorthin zu gehen.«

»Warum nicht? Ich wurde dort angeschwemmt.«

Finola überhörte seine frotzelnde Bemerkung.

»Der Clan der Mac Mahons beansprucht das Gebiet um den Slievemore als sein Jagdgebiet. Sie werden es nicht gern sehen, wenn du ihnen einen Seeadler klaust.«

Huw sprang auf und ging rasch zur Tür.

»Das stört mich nicht. Ich werde mir selbst ein paar Männer besorgen, die mit mir kommen. Danke, Finola, bis bald…«

»Nein!« schrie die irische Frau auf. »Geh nicht, Huw. Bleib hier!«

Aber Huw hörte nicht. Er war längst mit langen Schritten in den Hof hinuntergeeilt. Finola sah ihn durch das Fenster aus dem Tor verschwinden.

»Armer Huw!« murmelte sie. »Armer, fröhlicher Huw.«

Zur gleichen Zeit hatte ich viele Tagesreisen entfernt von Huw und Finola ganz andere Sorgen.

»Sie haben überall ihre Wachen verdoppelt, Grania«, flüsterte Ulick, nachdem er mit seinem Spähtrupp zurückgekehrt war. »Die Joyce haben sogar zahlreiche Fackeln außerhalb der Burg aufgestellt, um in einem weiten Umkreis alles beobachten zu können, was sich bewegt. Unser Überfall wird nicht so einfach verlaufen, wie damals bei Donal. Wenn er nicht gar unmöglich ist.«

Ich nickte stumm und blickte in die harten Gesichter der Männer, die mit mir hergekommen waren – zu allem entschlossen. »Sobald sich Castlekirk wieder in meiner Hand befindet, werde ich eine stärkere Truppe zu ihrem Schutz zurücklassen. Das wird uns nicht noch einmal passieren!«

Owen dachte: Sie sagt »sobald« und nicht »wenn«. Wie kann sie nur so sicher sein, daß wir die Burg noch einmal einnehmen werden?

Castlekirk, Loch Corrib

Mir war der Zweifel im Gesicht meines Sohnes nicht entgangen. Lächelnd fragte ich ihn: »Wie würdest du vorgehen, Owen, wenn du das Unternehmen anführtest?«

Er zuckte die Achseln. »Ich weiß es nicht, Mutter. Sie vom Wasser aus anzugreifen, ist blanker Selbstmord. Die Joyce scheinen nur darauf zu warten. Aber wie anders könnten wir uns Castlekirk nähern?«

»Wir werden einen Tunnel graben«, antwortete ich triumphierend.

»Einen Tunnel?« Die Stimmen der Männer klangen aufgeregt.

»Richtig. Die Insel liegt keine hundert Meter vom Land entfernt. Wir hocken hier geschützt in dem Wald, der bis nahe an das Ufer wächst. Das Wasser selbst ist seicht. Der Boden nicht zu hart, so daß wir beinahe bequem einen Gang von hier bis direkt unter den Burghof graben können. Ich denke, wir sollten sofort damit beginnen.«

»Aber«, wandte Ruri Oge ein, »wie sollen wir denn wissen, ob wir uns nicht in die falsche Richtung vorwärtsbewegen?«

»Wie finden wir denn unser Ziel auf dem Meer?« fragte ich zurück.

In seinen Augen stand plötzlich Erkennen. »Mit dem Kompaß«, murmelte er und pfiff anerkennend durch die Zähne. Etwas mürrisch machten sich meine Krieger an die Arbeit. Der Anfang war das Schwerste. Die Joyce mochten mit allem rechnen, nur nicht damit, daß sich der Feind ihnen von unten näherte. Als der Morgen graute, war die Hälfte der Strecke bereits geschafft. Ich hatte die Männer so eingeteilt, daß jeweils ein Teil von ihnen unter der Erde grub, während ein anderer den gelösten Sand und die Steine hinausschaffte. Dazu benutzten sie feste Leinentücher, die ich zu Säcken hatte umnähen lassen. Das Erdreich erwies sich erst auf den letzten zwanzig Metern als schwierig. Aber da hatten die Männer meine ungewöhnliche Kriegstaktik schon längst zu der ihren gemacht, so daß sie wie besessen weitergruben. In der darauffolgenden Nacht befand sich der Gang unterhalb des Burghofs. Castlekirk konnte genommen werden.

Wir durchbrachen den Boden an einer für uns günstigen Stelle. Sie lag im Schatten der Befestigungsmauer, so daß ich mit meinen Kriegern den unterirdischen Gang verlassen konnte, ohne entdeckt zu werden. Als uns die Wachen schließlich gewahr wurden, war es für die Joyce zu spät.

»Alarm!« gellte ihr verzweifelter Hilfeschrei durch Castlekirk. Und schneller, als ich es ihnen zugetraut hätte, befanden sie sich kampfbereit auf den Beinen.

»Sieh an!« brüllte Hugh Lee Joyce, ihr bulliger Anführer. »Der tote Hahn (er meinte Donal) hat seine magere Henne aus seinem Grab zu uns geschickt, damit sie uns in die Beine pickt!« Dann stürzte er sich mit seiner langen Klinge auf mich.

Grania, dachte Huw verliebt. Grania muß immer im Rausche leben. Doch der Duft deines Haares, wenn du schläfst, gehört allein mir, maßlose Piratin. Dein schwarzes Haar gibt mir einen Traum voll Segel und Masten, große Meere sehe ich branden, deren Wogenkämme mich an verzauberte Strände tragen. In der Glut deiner Haare schmecke ich die Glut deines Landes und … sein vergossenes Blut. Ach, Grania! Warum führst du das Schwert lieber gegen den Leib eines Fremden, als daß du deinen Arm nach mir ausstreckst und deine Hand meine Lenden zärtlich liebkost? Wie brutal und süß kann diese Hand doch sein?

Huw kauerte in Gedanken versunken auf dem Boden des schwarzen Curraghs, der ihn nach Achill bringen sollte. Vier Männer hatten sich bereit gefunden, den Norweger hinüberzurudern. Als sie Achill Head passierten, wanderten Huws Gedanken unwillkürlich zum Schiffsuntergang vor ein paar Monaten, den er beinahe mit seinem Leben bezahlt hätte. Mit dem französischen Segler war er nach Schottland unterwegs gewesen, das ein noch rauheres Land als Irland sein sollte. Die grausamen Bewohner dort hatten ihren Körper früher von Kopf bis Fuß tätowiert und waren nackt umhergelaufen. Die Krieger verklebten ihr Haar mit Vogelleim zu gebleichten Stacheln. Jeder von ihnen besaß so viele Frauen, wie er sich leisten konnte. Die Pikten, wie sich die Menschen dort einst genannt hatten, waren von allen Völkern die Gefürchtetsten gewesen. Ob er wohl auf sie, das heißt natürlich, auf ihre Nachfahren, mit seinem Puppenspiel auch Eindruck gemacht hätte?

Du bist ein Träumer, Huw, hatte sein Vater ihn immer wieder ermahnt. Ein verdammter Träumer. Und das wird dir eines Tages den Hals brechen.

Aber nicht, bevor ich für Grania einen Seeadler gefangen und abgerichtet habe, sprach er zu sich. Solange mich diese Frau liebt, kann mir nichts auf der Welt zustoßen. Komisch, überlegte Huw. Was hätte wohl Vater davon gehalten, sich von einer Frau beschützen zu lassen?

»Weiter werden wir dich nicht begleiten«, unterbrach einer der Ruderer Huws Überlegungen. »Das hier ist Mac Mahons Land, und sie dulden keine Eindringlinge.«

Der Norweger winkte gelassen ab.

»Ich gehe allein weiter.«

Nach einem kurzen Blick auf die steinigen Hänge des Slievemore hielt er sein Vorhaben für nicht der Rede wert. Verglichen mit den gewaltigen Bergen seiner Heimat waren das hier eher putzige Hügel.

»Ich bin in ein paar Stunden wieder zurück. Wartet hier auf mich.«

Dann marschierte er los, ohne sich noch einmal umzudrehen.

Der Mann aus Norwegen kam so gut voran, wie er sich das vorher ausgerechnet hatte. Einen bestimmten Adlerhorst hatte er auch schon längst ins Visier genommen. Die Jungen waren vor ein paar Wochen geschlüpft. Wenn mich eure Alten in Ruhe lassen, werde ich mir einen von euch Burschen schnappen und abhauen, dachte er. Zuversichtlich tastete er sich die Felswand weiter hinauf. Plötzlich stieg ihm ein Geruch wie von rotglühendem Eisen in die Nase. Wie von einer Pfanne, die auf einem Feuer stehenbleibt. Genauso riecht frisches Blut, durchzuckte es Huw plötzlich. Wieso fiel ihm gerade dieser Vergleich ein? Irritiert blieb der Mann stehen und schüttelte verwirrt den Kopf. Mit einem Mal glaubte er, Finola über sich zu sehen. Aber das war doch unmöglich. Huw riß seine Augen weit auf. Die Erscheinung löste sich in nichts auf.

Finola, dachte er. Finola hatte nicht gewollt, daß er hierher käme. Was wußte diese unheimliche Frau, das er nicht wußte? Wollte sie ihn warnen? Wieder nahm er den scharfen Geruch von rotglühendem Eisen wahr. Frisches Blut riecht so, hämmerte es in seinem Kopf. Oder hatte ihm das eine Stimme eingegeben? War es Finolas Stimme gewesen? Du willst, daß ich zurückkehre, Weib, sagte er laut. Aber der Adlerhorst ist fast zum Greifen nah. Es wäre verschwendete Zeit gewesen, wenn ich jetzt noch umkehrte. Eilig kletterte Huw weiter und streckte schließlich seine Hände nach dem jungen Adler aus. Doch er griff ins Leere.

Ein heftiger Schmerz breitete sich plötzlich über seinen Rücken aus. Mit der Hand betastete er die Stelle. Ein gefiederter Bolzen war in seinen oberen Lendenwirbel eingedrungen. Huw betrachtete verwirrt seine Hand, an der frisches Blut klebte. Sein Blut. Und es roch wie …

Er verlor das Bewußtsein. Er merkte nicht mehr, wie sein Körper den steilen Hang hinunterstürzte wie eine Marionette, deren Schnüre jemand durchtrennt hatte, und hundert Meter tiefer auf einen Felsen aufschlug.

10 Die Rache der »Dark Lady«

Maßloser Zorn trieb mir das Blut aus dem Gesicht und ließ meine Lippen erbeben.

»Die Bastarde haben ihn also heimtückisch ermordet«, sagte ich mit eisiger Stimme zu den vier Männern, die mit hängenden Köpfen vor mir standen. »Und ihr habt tatenlos dabeigestanden, oder wie?«

»Wir haben am Boot auf Huw gewartet. Slievemore ist Mac Mahons Gebiet. Er hat das gewußt, als er ein Adlerjunges holen wollte. Später haben wir gesehen, wie sie seine Leiche ins Meer warfen.«

Die ganze Haltung der Männer drückte nur das aus, was ich die letzten Monate nicht hatte wahrhaben wollen. Huw bedeutete ihnen nichts. Er hatte niemals zum Clan gehört. Daran änderte auch nichts, daß er jede Nacht im Bett ihrer Anführerin geschlafen hatte. Nun mußte Huw sterben, weil er für mich ein Geschenk besorgen wollte. Ich konnte es noch gar nicht fassen. Seltsamerweise wurde meine Trauer durch Zorn und Haß auf die anmaßenden und feigen Mac Mahons verdrängt. An den vieren vorbei stürmte ich nach draußen, wo auf dem Platz meine Krieger warteten. Wir waren am frühen Morgen von Castlekirk zurückgekehrt. Ich hatte noch nicht einmal Zeit gehabt, mich zu waschen und vom Blut der erschlagenen Joyce zu reinigen. Es klebte noch immer an meiner Kleidung. Meine Entschlossenheit, es den Mac Mahons heimzuzahlen, wirkte ansteckend. Als ich vor den Kriegern stand und laut nach Rache schrie, begann auch in ihnen das Blut wieder zu kochen.

»Ja!« brüllten sie alle wie aus einer Kehle. »Sieg!«

»Ja!« donnerten die Trommeln.

»Ja!« dröhnten die Dudelsäcke.

Ich hatte recht. Huw hatte ihnen nichts bedeutet, aber mein Zorn hatte sie für meinen Rachefeldzug entflammt. Ohne noch länger zu zögern bestiegen wir die Schiffe und segelten nach Caher.

»Grania ist wie der Haß der Hölle«, sagte Ulick zu Ruri Oge. Die beiden sahen mich nicht in der Nähe stehen und zuhören. »Dieses Mal wird sie großes Unrecht tun.«

»Inwiefern? Und wann hat sie das jemals abgehalten?«

»Die Mac Mahons befinden sich auf einer Wallfahrt zum Einsiedler von Caher Island. Es ist eine große Sünde, Männer auf einer heiligen Mission anzugreifen.«

»Wenn dich das so sehr aufregt, warum hast du dich nicht geweigert mitzukommen?«

»Ich wünschte, ich hätte es«, erwiderte Ulick. »Aber andererseits braucht Grania mich. Sie hat in Castlekirk neue Waffen erbeutet – französische Musketen. Und ich bin der einzige, der damit umgehen kann.«

»Hm! Glaubst du«, kam es trocken zurück.

Ich lächelte im stillen über die zwei Männer und wandte mich wieder meinen Aufgaben an Bord zu.

Caher Island liegt südlich von Cliara und ist für eine Besiedlung zu klein, für eine Kapelle aber gerade groß genug. Von Finola wußte ich, daß in grauer Vorzeit bereits ein heidnischer Gott seinen Atem in dieses Stück Erde gehaucht hatte. Später ließ sich ein christlicher Einsiedler dort nieder. Die Seele eines Mannes wird gestärkt, wenn er solche Orte ab und zu aufsucht. Das glaubten auch die Mac Mahons, in derem Kielwasser wir unmittelbar segelten. Sie hatten vor der Küste geankert und ihre Waffen am Strand von Caher niedergelegt. Es ist verboten, heiligen Boden bewaffnet zu betreten. Als erstes vernichtete ich ihre gesamte Flotte durch Feuer. Dann legten wir an und gaben den Überraschten Gelegenheit, zu ihren Waffen zu greifen. Die Scheinheiligen konnten sich gar nicht erklären, warum sie sich mit mir plötzlich im Krieg befanden. Einer von ihnen sah mich erstaunt an und rief verwundert aus:

»Ich führe keinen Krieg gegen eine hilflose Frau. Was für ein verdammter Trick ist dies eigentlich?«

Er fragte das Falsche. Meine Pistole war leergeschossen. So griff ich zu meinem Dolch und zog die Klinge durch seine Kehle. Plötzlich wurde ich von hinten umgestoßen. Doch der Mann, der sich mit einem Beil auf mich gestürzt hatte, starb, bevor er den tödlichen Hieb gegen mich ausführen konnte. Ulicks Muskete hatte ihn rechtzeitig daran gehindert.

Doch mein Blutrausch war entfacht. Als der Kampf vorbei war, lagen mehr als zweihundert Mac Mahons tot auf dem Boden.

»Und nun segeln wir zu ihrer Burg und zünden sie an«, trieb ich meine Krieger zurück in die Schiffe. Um Doona Castle zu erreichen, mußten wir ganz um Achill herumsegeln. Die Hauptburg der Mac Mahons lag auf einem Felsplateau hoch oben über dem Meer. Um den Begräbnisplatz dieses Clans rankte sich eine seltsame Legende. Sie würden, so wurde behauptet, ihre Toten nachts auf einem zerklüfteten, kohleschwarzen Felsen mit tiefen Höhlen betten, in welche das Meer unaufhörlich donnernd einbricht und seinen weißen Schaum turmhoch wieder daraus hervorsprüht. In der Tiefe der Nacht käme dann eine geisterhafte Flut, die den Toten zunächst ins Meer hinausrisse, um ihn dann in einem längst vergessenen Friedhof unter den Wellen beizusetzen. Auch mein toter Geliebter hatte seine letzte Ruhe tief im Meer gefunden. Als ich die düsteren Mauern von Doona erblickte, änderte ich meinen Plan, sie niederzubrennen. Vorteilhafter wäre es, Doona als intakte Burg dem O'Malley-Clan einzuverleiben. Das hölzerne Tor am Eingang hielt uns nicht lange auf. Wir drangen ein und töteten alle bis auf einen.

»Geh«, herrschte ich diesen an, »und berichte allen noch

Lebenden deines Clans, wie Granuaile O'Malley die feige Ermordung ihres Geliebten gerächt hat. Damit sie alle wissen, was sie erwartet, wenn die Mac Mahons noch einmal so handeln sollten!«

Der Alte humpelte mit Tränen hilfloser Wut in den Augen davon. Meine Rache war gestillt. Meine Trauer begann.

Ich stand auf einer großen Felsplatte turmhoch über der See und schrie meinen Verlust in den Sturm hinaus. Mit silbernen Schaumkronen stürmten die Wasserberge heran, rannten brüllend gegen die Felsen an, peitschten sie und prallten, verwandelt in riesige Wirbel, Fontänen und fegende Segel aus Sprüh und Schaum, wieder zurück, oft genug, um mit der nächsten Woge – zwischen zwei Feuer geratend – einen noch wilderen Tanz aufzuführen. Mein Blick folgte der Steilküste hinauf und hinab. Überall weithin rollten die silbernen Zeilen der Brandung gegen die steilen Felswände, hier und da in der Ferne zu turmhohen Fontänen aufgepeitscht, die sich im Aufwind entfalteten und herrlich langsam wie wallende Federhüte wieder zusammensanken. In einer solchen stand ich und brüllte meinen Schmerz solange hinaus, bis die Vorgebirge der Steilküste im Dämmerlicht verschwanden, die Sonne langsam das Grün des Meeres in ein rötlich werdendes Blau verwandelte, das mit einem Mal in lauter Gold und Purpur umschlug, als brenne die ganze weite atlantische See. Und das Salz meiner Tränen vermischte sich mit dem des Meeres, das mir die tausend Finger des Windes ins Gesicht sprühten. Huws nasse Liebesküsse. Für immer mir nah. Bis ans Ende des Lebens auf meiner Haut spürbar. Ist doch das Meer der Hort alles Lebendigen auf ewig.

Menschen im Universum sind wie Katzen und Hunde in einem Haus. Sie fauchen sich an, sie lieben sich, sie zerfleischen sich, sie jagen hintereinander her vom Kellerboden bis hinauf unters Dachgestühl. So hatte ich es erlebt, bis ich Huw kennenlernte. Aber Huw hatte ich für immer verloren. Zurück behielt ich Männer wie Ruri Oge, Ulick oder Black Oak. Die »Schwarze Eiche« war nicht viel mehr als eine eingestürzte Trauerweide, die die Herbststürme des kommenden Jahres sicherlich endgültig zu Boden werfen würden. Doch meinem Vater war im Alter ein bissiges Schlangenmaul gewachsen, das sein Gift fast ausschließlich gegen mich verspritzte: Granuaile, die Ausgeburt, gegen Margret, die Sanfte. Seit ich nach Clare Island zurückgekehrt war, hatte er für mich kein freundliches Wort mehr. Dabei war ich es doch, die den Clan am Leben erhielt. Der kundige Seemann Black Oak war längst auf Grund gelaufen. Der starke Sept des Clans in Selbstmitleid ertrunken. Ulick umwarb mich alle Tage wie ein geiler Straßenköter. Das mag vielleicht zu hart klingen, aber mir stand nicht der Sinn nach Zweisamkeit. Den Mac Mahons hatte ich den Beinamen »Dark Lady« von Doona zu verdanken. Als ich von meinem Rachefeldzug nach Belclare zurückgesegelt kam, hielt mir Finola einen Spiegel entgegen. Ich erkannte meine düsteren Gesichtszüge darin nicht wieder. Meine dunkle Leidenschaft hatte einen Clan fast ausgelöscht.

Aber nährt nicht das Leben das Lichte und Dunkle in sich als Kern ein- und derselben Frucht? Häufig weilten meine Gedanken bei Huw, mit dem ich als einzigem solche Fragen hatte diskutieren können. Was ist das Böse im Menschen? Was ist die Liebe? Huw hatte mir von einem italienischen Fürsten berichtet, der aus Eifersucht und Liebe für seine Frau ein Gefängnis des Schreckens hatte errichten lassen. In seinem Garten meißelten begabte Steinmetze steinerne Monstren aus hartem Granit. Nur diese und die Abgeschiedenheit ihres Zimmers bekam die junge Frau für den Rest ihres Lebens noch zu Gesicht. Sie starb im Wahnsinn an der Seite eines Wahnsinnigen. Doch hatte nicht auch hier die Liebe eine dunkle Frucht geboren? Etwas, das zu ihr gehört wie der Schmerz zur Lust? Mein Grübeln über das Böse im Menschen brachte mich zu keinem greifbaren Ergebnis.

Huw nannte das »philosophieren« und behauptete, es gäbe in Europa Männer, die das täglich täten – ein Leben lang. Ich konnte es nicht glauben, weil solches Denken doch niemanden ernähren, geschweige denn satt machen kann. Außerdem besteht unser Denken fast ausschließlich aus Erinnerungen. Die aber führen zu nichts anderem, als nur zu sich selbst. Ich jedoch hatte in meinem Leben vor allem erfahren, wie wichtig es ist, nicht zu lange zurückzuschauen. Was Erinnerungen nämlich fehlt, ist ein Ziel. Nach Huws gewaltsamem Tod hatte ich nur noch ein Ziel.

11 Sept des Clans auf Lebenszeit

Ich wollte die Grenzen meines Reiches erweitern und sie gleichzeitig festigen. Ich wollte ganz Mayo! Doch um das zu schaffen, mußte erst einmal im eigenen Clan eine wichtige Sache ein für allemal geklärt werden. Ich beschloß, mich zum Sept auf Lebenszeit wählen zu lassen.

Zugleich machte ich Politik, wie die Engländer es nennen. Ich wollte den größten Teil der Westküste Irlands erobern, ohne darum Krieg führen zu müssen. Zwei wichtige Burgen mußten dafür zu Fall gebracht werden. Kildawnet Castle auf Achill und Rockfleet Castle am äußersten Ende der Clew Bay – auf dem Festland gelegen. Ersteres gehörte Devil's Hook. Letzteres Iron Richard. Devil's Hook, die

»Teufelskralle«, verheiratete ich mit meiner Tochter Margret, worüber sie nicht sehr glücklich schien. Doch das persönliche Glück ist so selten wie ein angeschwemmter Seemann, der durch Küsse wieder zum Leben erwacht. Iron Richard oder Richard Burke umwarb ich selber. Rockfleet Castle war zu verlockend, als daß ich mir diesen Wohnturm hätte entgehen lassen können. Um Richard Burkes Beinamen »Iron« rankten sich seltsame Geschichten. Eines Tages hatte Richard seinen Baumeistern befohlen, ihm einen Turm zu bauen, mächtig und stark.

»Hoch und fest sollen seine Mauern sein«, sagte er. »Und wenn alle Heere der Erde sich gegen mich vereinten und ihn bestürmten: Er müßte ihnen trotzen, und seine unüberwindlichen Mauern sollen mir Schutz gewähren für immer.«

Mit Furcht und Eifer begannen die Werkleute ihre Arbeit. Sorgfältig fügten sie Stein auf Stein. Und nach kurzer Zeit erhoben sich die mächtigen Mauern schon einige Meter über dem Boden. Plötzlich aber fing der Turm an zu schwanken, und kaum hatten die Werkleute ihn in großer Hast verlassen, als er krachend zusammenstürzte. Abermals machten sie sich ans Werk, in noch größerer Angst als zuvor. Und wiederum stürzten die Mauern ein, ehe sie vollendet waren, und es blieb kein Stein auf dem anderen. Sooft sie auch versuchten, ihn aufzubauen – der Turm stürzte wieder und wieder zu einem Trümmerhaufen in sich zusammen.

Da fragte Richard eine weise Frau, die der verborgenen Mächte kundig war. Ihre Antwort lautete: »Unter dem Turme befindet sich ein großes Wasser. Darin sind zwei Drachen, ein roter und ein weißer. Zwei große flache Steine bedecken sie. Sooft nun einer dieser Drachen sich bewegt, schwankt der Boden und läßt die Mauern deines Turmes einstürzen.«

Da befahl Richard seinen Bauleuten, daß der Boden abgetragen und die Drachen freigelegt würden. So gruben sie ein tiefes Loch und holten die großen flachen Steine herauf. Kaum aber hatten sie die Steine entfernt, da erhoben sich aus dem Wasser ein roter und ein weißer Drachen. Sie fingen an, miteinander zu kämpfen. Das Wasser wirbelte auf und tobte. Die Erde bebte, die Luft war erfüllt von giftigem Drachenhauch, und ihr Wutgebrüll ertönte wie nahes Donnern und soll bis nach Clare Island zu hören gewesen sein. Sie spieen Feuer und grelle Blitze. Richard aber trat furchtlos zwischen sie und tötete beide mit seinem Breitschwert. Gegen das giftige Feuer aus ihren Mäulern hatte er sich mit einem langen eisernen Kettenhemd, das ihm bis über die Knie fiel, geschützt. Von jenem siegreichen Tage an, trug er immer dieses Kettenhemd. Aus diesem Grunde hatten ihm die Menschen den Beinamen der »Eiserne« gegeben.

Andere behaupteten, Richard Burke besäße in Burrishoole mehrere Eisenminen. Nur wegen dieses Reichtums sei er zu seinem ungewöhnlichen Beinamen gekommen.

Als seine Baumeister den Turm errichtet hatten, war es die einhellige Meinung aller, daß Rockfleet Castle bis ans Ende der Zeiten bestehen würde. Und auch ich, die ich Richards Turm nur einmal von ferne vom Schiff meines Vaters aus erblickt hatte, war beeindruckt von seinen mächtigen Mauern. Wer in ihnen wohnen wollte, mußte zuvor Iron Richard zu Fall gebracht haben. Doch dieser Mann besaß nicht nur eine eigene Flotte, sondern auch eine große Armee von Gefolgsleuten.

Iron Richard war fünfzehn Jahre älter als ich und unverheiratet. Eine Ehe mit ihm würde die O'Malleys nach den O'Flahertys nun auch noch mit den Burkes verbinden. Richard würde ein Narr sein, wenn er auf meinen Antrag nicht einginge:

»Ich, Grace O'Malley, bin nicht abgeneigt, mich mit dem Clan der Burkes zu verbinden. Allerdings will ich, daß die Ehe ausschließlich nach gälischem Recht gültig wird. Dieses besagt, daß beide Partner sich nach einem Jahr trennen können, ohne Gründe dafür angeben zu müssen.«

Iron Richard brauchte fast einen Monat für seine Entscheidung. Meine Bedingung hatte den unwiderruflichen Bruch mit der katholischen Kirche zur Folge. Dennoch lud er mich nach Rockfleet ein. Der geräumige Turm war noch wunderbarer, als ich es mir erträumt hatte.

»Ich habe ein starkes Verlangen danach, Rockfleet meiner Sammlung von Burgen einzuverleiben«, beantwortete ich Richards Frage, was ich von ihm wolle. Der »Eiserne« hielt es für einen Scherz. Keine Frage, daß er sich für attraktiv hielt. Er war es auch, hatte eine beeindruckende Gestalt. Großgewachsen, mit einem mächtigen Brustkorb und einer tiefen Stimme, vermittelte er seinem Gegenüber Stärke und Kraft.

»Wenn du mich heiraten willst, allein wegen Rockfleet, dann will ich dich haben wegen Cliara«, konterte er.

»Besuch' du mich das nächste Mal auf meiner Insel, und wir werden über alles weitere reden«, gab ich zurück.

Seinen Augen las ich ab, daß er es nicht gewohnt war, mit Frauen zu verhandeln.

»Was macht Black Oak?« wollte er wissen.

»Die ›Eiche‹ hat sich selbst gefällt und ich, Granuaile, trage die Verantwortung.«

»Für den Clan?« Seine Stimme klang ungläubig.

»Für den Clan!« antwortete ich ruhig.

»Ich komme nach Cliara«, versprach er. »Das muß ich mir ansehen.«

Es kam, wie es kommen mußte. Im Sommer 1566 wählte mich der Clan zu seinem Sept. Gegenkandidaten gab es nicht. Ein paar alte Weiber murrten und erklärten, dies sei wider die Natur. Eine Frau könne nicht an der Spitze eines Clans stehen und für ihn sorgen. Aber ich hatte längst bewiesen, daß ich es nicht nur konnte, sondern auch noch dazu sehr gut. Ihre Stimmen fielen nicht ins Gewicht. Was allein zählte, waren

Tatsachen. Und die waren unübersehbar. Noch nie war es dem Clan so gut gegangen, wie unter meiner Führung.

Wenige Wochen später kam Iron Richard. Er akzeptierte alle meine Bedingungen. Die Heirat wurde nur nach dem gälischen Recht vollzogen. Daraufhin verließ der katholische Priester Cliara. Ich schickte Ruri Oge mit ein paar Männern los, ihn auf See wieder einzufangen. Wäre die Insel ohne einen Priester geblieben, hätten die Menschen geglaubt, daß der Teufel eingezogen sei.

Von allen Augen, die damals auf mich gerichtet waren, sind mir nur Ulicks im Gedächtnis geblieben. Seit er mir auf Caher Island das Leben gerettet hatte, glaubte er mehr denn je daran, daß uns vom Schicksal bestimmt sei, zusammenzugehören. Daß es mir allein um Politik und nicht ums Schicksal ging, konnte oder wollte er nicht begreifen. In seinen dunklen Augen stand unverhohlen Kummer und tiefste Niedergeschlagenheit zu lesen. Wäre ich eine Frau aus irgendeiner Hütte von Mayo gewesen, ich hätte mich ihm längst an den Hals geworfen. Aber ich war Granuaile. Sept der O'Malleys. Ich durfte nicht irgendwelchen Launen und Liebeleien nachgeben. Nicht mehr.

Bei der anschließenden Feierlichkeit kam es zu einem ersten Streit zwischen Richard und mir. Mein neuer Ehemann hatte seinen herzerweichenden Harfenspieler von Rockfleet mitgebracht. Sein Saitengezupfe erfüllte die Räume mit einer süßen, traurigen Musik.

»Kann er nichts Heiteres spielen?« platzte ich nach einiger Zeit heraus.

»Ich dachte, du wolltest vielleicht keine ausgelassenen Klänge an diesem Tage hören.«

»Dann sage ich es dir jetzt: Ich hasse traurige Musik.«

»Ich hingegen liebe sie«, entgegnete Richard.

Ich sah ihm fest in die Augen. »Dann laß sie spielen, wenn ich nicht dabei bin, verstanden!«

Er zuckte zusammen, als hätte ich ihm eine Ohrfeige ver-

Rockfleet Castle

setzt. Dann erhob er sich, verließ den Tisch mit unbewegter Miene und gab seinem Harfner neue Anweisungen. Ich blickte auf und sah direkt in Ulicks grinsendes Gesicht.

Die Nacht mit Iron Richard war entsetzlich. Aber ich versuchte mich trotzdem, in seiner Umarmung zu entspannen, hatte ich doch nun mal dieser Verbindung zugestimmt. Dennoch wurde er seinem Beinamen auch im Bett voll und ganz gerecht. Seine Bewegungen waren abgehackt. Von Zärtlichkeit keine Spur. Wo Huw das zauberische Spiel seiner Finger benutzte, nahm Iron Richard Masse und Kraft zur Verführung. Er rollte sich auf mich, um mich unter sich zu versenken. Er war noch plumper als Donal. Zu keiner Zeit antwortete er auf die Signale meines Körpers. Iron Richard nahm mich mit der Zärtlichkeit eines Schmiedes, der ein Stück Eisen auf seinem Amboß zurechtschlägt. Ich ließ es wortlos mit mir geschehen. Diese Nacht. Und alle folgenden. Bis meine Schwangerschaft es ihm verbot.

12 Tibbot – Kind des Meeres und des Kampfes

Der Wind kam so plötzlich, daß die See von einem Augenblick zum anderen gekräuselt war, und die Sturmsegel knallten. Mein Schiff legte sich scharf über, daß die Männer an Bord sich an Tauwerk und Reling halten mußten, um nicht nach Steuerbord abzurutschen. Der Mast neigte sich um fünfundvierzig Grad. Ich befahl sofort, alle Segel einzuholen, was unter Schwierigkeiten auch gelang. Dabei gingen zwei Männer über Bord und ertranken.

Wenige Minuten nach dem Losbrechen des Sturmes herrschte bereits beträchtlicher Seegang, und Ulick arbeitete sich zum Achterschiff vor, dem Rudergänger zu helfen, das Ruder gegen den Druck der anstürmenden See zu halten und den Bug härter an den Wind zu drehen. Langsam, gegen den Widerstand der Wogen und der pfeifenden Böen, richtete sich das Schiff wieder auf.

Doch der Wind heulte weiter um das kleine Schiff und riß weiße Gischtfahnen von den Kämmen der anlaufenden See, die mein Schiff schwindelnd schnell in die Höhe hoben, um es ebenso rasch ins nächste Wellental hinabschießen zu lassen, daß das Ruder einen Augenblick lang frei in der Luft hing, und der Bugspriet in den nächsten grauen Wasserberg voraus stieß. Ich hatte schon viele Stürme auf See erlebt, aber bei diesem hätte es mich zum ersten Mal nicht gewundert, wenn der Bug und der gesamte Rumpf unter den gewaltigen Wassermassen begraben und nicht mehr hochgekommen wäre. Aber nach acht schnellen Herzschlägen hob sich der Bugspriet und warf das Gewicht des Wassers von sich, daß es ablaufend über die Bordwände schäumte.

Ich zog mich am Spanseil nach achtern zu den Männern am Ruder. Einstweilen konnten wir unseren Kurs halten, und das Schiff machte hart am Wind selbst ohne Sturmsegel noch beinahe zuviel Fahrt. Es mußten keine weiteren Befehle gegeben werden. Bei diesem lärmenden Toben der Elemente hätte mich ohnehin kein Mensch verstanden.

Mit einer Hand hielt ich mich am Spanseil und Stag fest. Mit der anderen fühlte ich über meinen gespannten Leib. Tibbot, mein Sohn, hatte ich mir in den Kopf gesetzt, sollte unbedingt auf See geboren werden. Die Windstärke nahm plötzlich noch zu, und die Gischt von den Wellenkämmen flog in dahinfegenden Wolken über das Schiff. Sie brannte mir im Gesicht und auf den Armen. Die anlaufenden Wellen waren jetzt so hoch und steil, daß sie wie graugrüne Wände auf den allzu träge sich ihnen entgegenneigenden Bug meines Schiffes zukamen, über es brachen und als donnernde Sturzseen aufs Deck schlugen, daß mein kleines Schiff in allen Fugen ächzte. Bei jedem neuen Brecher überflutete die brausende See das Deck, brandete uns um die Hüften und drohte, die Männer und mich fortzureißen. Zu aller Not spürte ich auch noch, daß für Tibbot die Zeit gekommen schien, das trübe Licht des tobenden Meeres zu sehen.

Aber ungeachtet der Wehen blinzelte ich in den Wind, um Veränderungen der Windrichtung auszumachen und sicherzugehen, daß wir nicht aus dem Ruder liefen und beidseits vor den Sturm kämen, was das sichere Ende bedeutet hätte. Der Himmel war von einem finsteren, bleiernen Grau. Der Regen prasselte auf die tobende See, und die schäumenden Wellenkämme leuchteten geisterhaft weiß aus diesem Halbdunkel, aus dem der Wind wie aus einem Höllenrachen heulte und in dem jede Orientierung unmöglich schien; die Sicht betrug selten mehr als hundert Schritte. Aber ich kannte den Atlantik an dieser Stelle so gut wie meine neue Burg und wußte, daß wir uns nicht in der Nähe irgendwelcher gefährlicher Riffe befanden.

Bevor ich mich endlich unter Deck verzog, befahl ich noch, das Sturmsegel wieder aufzuziehen, was nur behelfsmäßig gelang. Dennoch fing es genug Wind ein, um dem Rudergänger die Aufgabe, das Schiff auf Kurs zu halten, zu erleichtern. Ich schluckte viel salziges Seewasser, bevor ich in meiner Kajüte angekommen war. Dort sank ich erschöpft auf mein Lager nieder.

Ich konnte nicht mehr. Draußen hatte der Sturm ein wenig nachgelassen, als Tibbot endlich kam. Doch es war nicht wie bei meinen früheren Geburten. Damals war ich jünger gewesen. Die Jahre zur See hatten mir eine Muskulatur gegeben, die jetzt gegen mich arbeitete, den Schmerz noch vergrößerte, anstatt den Geburtsvorgang zu beschleunigen. Draußen heulte der Wind, und die meterhohen Wellen warfen sich in ihrer mörderischen Wut noch immer gegen mein Schiff. Drinnen, im zerbrechlichen Leib des Schiffes, brachte ich hingegen neues Leben zur Welt. Wie jede gälische Frau auch, hatte ich gelernt, allein zu entbinden. Ich hielt das blutige kleine Fleischbündel hoch und betrachtete es. Es war ein Junge. Es war Tibbot. Tibbot, mein Sohn, der auf einem Schiff geboren worden war. Auf dem Schiff seiner Mutter. Tibbot war groß bei seiner Geburt und hatte krauses schwarzes Haar. Ich schaute in den Spiegel. Mein erschöpftes Gesicht war so weiß wie frische Milch. Meine Augen strahlten glücklich.

Herumschweifende Banden türkischer Piraten bedeuteten seit Generationen den Schrecken aller Seefahrer. Wer in ihre Hände fiel, war verloren. Türkische Muselmanen machten nicht nur das Mittelmeer unsicher, sondern sie plünderten auch vor den spanischen Küsten vorbeifahrende Handelsschiffe aus.

Häufig genug kam es sogar vor, daß sie in den Gewässern vor der Südspitze Irlands ihr mörderisches Unwesen trieben. Im übrigen waren es gerade diese türkischen Piraten gewesen, die das Ansehen einer im großen ganzen doch noblen Piraterie unwiderruflich geschädigt hatten. Sie metzelten die Mannschaften der geenterten Schiffe nieder, bis niemand von ihnen mehr am Leben war. Danach plünderten sie die Laderäume leer. Anschließend setzten sie das Schiff in Brand, um es alsdann dem Wind und den Meeresströmungen zu überlassen. Bei den Schiffen der Piraten handelte es sich meistens um geruderte Galeeren, die mit einem zusätzlichen Hauptsegel ausgerüstet waren. Mein Schiff hingegen, das ich nach eigenen Plänen in La Coruña hatte auf Kiel legen lassen, war vom Typ her eine Karacke. Jedoch besaß sie einen langgezogenen Rumpf, der sie wendiger machte als die großen englischen Kriegsschiffe. Doch auch ein noch so schnelles Segelschiff versagt kläglich, wenn der Wind nur als schwaches Lüftchen bläst. Genau das trat Stunden nach dem heftigen Sturm ein.

Ich lag im Dunkel meiner Kabine und hielt stolz meinen neugeborenen Sohn an meine Brust gedrückt. Plötzlich erscholl der aufgeregte Schrei des Mannes im Ausguck. »Türken!« Danach vernahm ich auch schon das dumpfe Donnern der Kanonen. Wir wurden also angegriffen. Wenig später hörte ich hastiges hin- und herlaufendes Fußgetrappel über mir an Deck. Schüsse und Schwertschläge drangen ebenfalls an mein Ohr. Es wurde also gekämpft. Folglich mußten sich die Piraten bereits an Bord befinden.

Der schreckliche Gedanke, daß diese Muselmanen mein Kind töten würden, schenkte mir überraschend neue Kräfte. Mit zittrigen Händen griff ich nach meiner doppelläufigen französischen Pistole. Ein Geschenk von Huw. Den Degen nahm ich gleichfalls mit auf meinem schwankenden Gang nach oben. Mir wurde ständig schwarz vor Augen. Ich drohte zu stolpern und hinzuschlagen. Allein der Wille, mein Kind zu schützen, gab mir die Kraft, vorwärts zu gehen. Die Türken von meiner Mannschaft zu unterscheiden, war leicht. Die dunkelhäutigen Piraten trugen riesige Pluderhosen in allen Farben des Regenbogens. Sie mußten die Überraschung auf ihrer Seite gehabt haben. Ansonsten konnte ich mir nicht vorstellen, wie sie soweit hatten kommen können.

Ich muß entsetzlich ausgesehen haben, wie ich halb wahnsinnig in einem flatternden weißen Hemd, leichenblaß und mit wehenden Haaren an Deck stolperte. Ohne zu zögern, schoß ich zwei Türken über den Haufen, die wie erstarrt vor mir gestanden hatten. Sie mußten alle glauben, ein Gespenst vor sich zu haben. Ich schrie, gab verrückte Laute von mir und hatte nun das Überraschungsmoment ganz auf meiner Seite. Niemals zuvor hatte diese türkische

Piratenbande eine Frau wie mich an Deck eines Schiffes erlebt. Ich sah aus wie ein lebender Leichnam. Doch die Spitze meines Degens hinterließ eine blutige Spur auf den rauhen Decksplanken.

Als die Türken aus ihrer Überraschung erwachten, war es bereits für sie zu spät. Meine Männer gewannen die Oberhand und trieben sie zurück auf ihr Schiff. Ihre Verluste waren zahlreich, so daß sie schleunigst die Flucht ergriffen. Mit letzter Kraft schleppte ich mich nach geschlagener Schlacht in meine Kajüte zurück. Tibbot lag friedlich auf meinem Lager und schlief.

»Sie werden dich niemals kriegen«, flüsterte ich in sein weiches Öhrchen. »Niemand wird dich mir jemals wegnehmen können! Du bist die Zukunft, kleiner Kerl. Mein Königreich soll dir einst gehören. Nicht einmal Elisabeth Tudor kann so etwas versprechen. Du wirst regieren, wenn sie längst Staub ist.«

Als ich später versuchte, mein Äußeres, meine Haare wieder etwas in Ordnung zu bringen und in den Spiegel schaute, sah ich, wie erschöpft ich aussah – und doch: Der Triumph blitzte mir aus den Augen.

13 Scheidung auf gälisch

Ich hatte Belclare für immer den Rücken gekehrt. Die Burg überließ ich Melaghlin O'Malley, einem entfernten Cousin, der mein Vertrauen besaß. Rockfleet Castle war fortan mein Hauptquartier. Finola, Ulick, Ruri Oge und die anderen waren mit mir von Cliara übergesiedelt. Ich hatte mir geschworen, diesen wuchtigen Turm am Meer nur freizugeben, wenn ich mich einer Übermacht hätte beugen müssen. Doch war nicht meine Ehe mit Richard auf ein volles Jahr begrenzt? Was, wenn er die Verbindung zu lösen beabsichtigte?

Eines Morgens sah ich Iron Richard vom höchsten Fenster meines Turmes aus nach Rockfleet zurückkehren. Er kam von Verhandlungen mit den Antrim Mac Donnells zurück. Solange die Clans untereinander zerstritten waren, solange konnte es keine wirkungsvolle Allianz gegen die überall im Lande vorrückenden Engländer geben. Der mächtige Clan der Mac Donnells schien das auch endlich einzusehen. Aber sie hatten eine Ewigkeit dafür gebraucht. Iron Richard sehnte sich nach Rockfleet, denn er hatte seinen Turm mindestens seit einem Vierteljahr nicht mehr gesehen.

Ob ich ihm wohl in der Zwischenzeit einen Sohn geschenkt hatte? An etwas anderes mochte er sicherlich nicht denken, als er im Morgenlicht die Zinnen seiner Burg erblickte, in der er mich als Mutter und treusorgendes Weib erwartete. Daß ich damit meine ehrgeizigen Machtpläne, wie er es nannte, endlich aufgegeben hatte, hoffte er auch. Wahrscheinlich ging ihm auch gerade jener unverschämte Rat des Bischofs von Tuam durch den Kopf, den dieser ihm wenige Wochen, nachdem meine Schwangerschaft feststand, gegeben hatte:

»Ein ewig schwangerer Bauch beendet ein für alle Mal bei den Frauen alle widernatürlichen Ambitionen.«

Richard hatte mir diesen Rat anschließend gleich aufgetischt.

Warum sollte er mich nicht erneut schwängern, nachdem ich geboren hatte? Einen größeren Liebhaber als ihn hatte ich seiner Meinung nach ohnehin im Leben noch nicht kennengelernt. Das glaubte er mir jedesmal mitteilen zu müssen, wenn wir im Bett zusammenlagen. Wenn ich nur noch mit dem Austragen und Gebären von Kindern zu tun hätte, dann würden auch endlich meine seeräuberischen Aktionen aufhören. Erneut schwanger, würde ich auch meine Gefolgsleute verlieren. Daß seine Frau schon bald aus der Zeit des Kinderkriegens heraus war, übersah Iron Richard in seinen Zukunftsplänen dabei völlig. Vielmehr glaubte er einen Weg gefunden zu haben, wie er sein oftmals störrisches Weib zähmen konnte.

Gut gelaunt ritt er voran. Aber als er Rockfleet erblickte, zog sich ihm vor Schreck der Magen zusammen. Nicht länger flatterte das Banner der Burkes von den Burgzinnen im Wind. An seiner Stelle blähte sich unverschämt meine persönliche Flagge. Was hatte das zu bedeuten?

»Öffnet mir sofort das Tor«, herrschte er die Wachen an, die O'Malley-Farben trugen. Doch sie schauten ihn so ungerührt an, als sähen sie sein herbes männliches Gesicht zum ersten Mal. Sie handelten genau nach meinen Anweisungen.

»Grania! Laß mich rein!«

Jetzt erst öffnete ich das Fenster, lehnte mich hinaus und sagte: »Das Jahr ist um, Iron Richard.«

»Was soll das heißen?«

»Daß ich dich aus unserer Verbindung entlasse.«

»Grania, laß mich hinein, und wir bereden das zusammen in der großen Halle.«

»Nicht in meiner Halle.«

»Was?«

»Ich will damit sagen, daß ich das Land hier an der Clew Bay und natürlich den Turm als mein Eigentum ansehe.«

Iron Richard glaubte, seinen Ohren nicht zu trauen. In ein und demselben Augenblick hatte ich ihn verlassen und auch noch seine Hauptburg gestohlen.

»Piratin! Verdammte, elende Piratin!« schimpfte er. »Ich

komme zurück, und dann werde ich dich an den Haaren aus meiner Burg schleifen.«

»Du bist jederzeit herzlich willkommen, Richard«, rief ich ihm lachend hoch oben von meinem Fenster aus zu.

Er wendete abrupt sein Pferd und ritt davon. »Ich bringe sie um. Ich werde sie töten«, hörten wir noch von weitem seine Drohungen gegen mich.

»Hältst du es für richtig, Richard seinen Sohn vorzuenthalten?« fragte mich Finola, als ich ins Zimmer zurücktrat und mich vor das offene Kaminfeuer setzte. Meine Augen blitzten sie an.

»Tibbot ist mein Sohn. Meinetwegen soll er den Namen der Burkes tragen, auch wenn das ein normannischer ist. Aber ich habe heute die Ehe mit Richard unwiderruflich beendet. Er hat keine Rechte mehr an meinem Sohn.«

»Männer kämpfen für die Ehre. Frauen fürs Überleben«, sagte Finola dunkel.

14 Ohrfeigen für Murrough

Als Tibbot beinahe fünf Jahre alt war, sah er seinen Vater das erste Mal. Seit meiner Trennung von ihm, lebte Richard auf seiner Burg in Burrishoole. Er hatte niemals den Versuch unternommen, Rockfleet mit Gewalt zurückzubekommen. Das war etwas, was ich ihm hoch anrechnete. Iron Richard widmete sich weiterhin seiner einsamen Frontstellung gegen die Engländer. Unermüdlich versuchte er, die Clans im Lande für einen gemeinsamen Kampf gegen die englischen Eindringlinge zu gewinnen. Frühzeitiger als alle anderen hatte der »Eiserne« erkannt, daß Elisabeths Truppen mit den Burkes, den O'Flahertys, den Desmonds, den Mac Donnells, den O'Malleys und wie sie alle hießen, leichtes Spiel hatten, wenn sie gegen sie einzeln zu Felde zogen. Die Strategie der Engländer würde voll aufgehen, wenn sie jeden Clan einzeln aufreiben konnten. Schlössen sich jedoch alle Clans zusammen, so stände den verhaßten Feinden ein starker und furchtbarer Gegner gegenüber. Iron Richard sah das als Ziel seiner politischen Bemühungen an. Aber die Köpfe der einzelnen Septs waren wie verbrettert. Man hätte sie regelrecht aufsägen müssen. Doch dafür blieb im Grunde zuwenig Zeit.

Ich hatte dies alles während der letzten Jahre aus der Ferne beobachtet. Hätte Richard aber mit seinen Bemühungen Erfolg gehabt, so wäre ich die letzte gewesen, die ihn nicht unterstützt hätte. Gesehen hatten wir uns in dieser Zeit nicht mehr. Deshalb war ich ziemlich überrascht, als mir eines Tages gemeldet wurde, daß Iron Richard mich zu sprechen wünsche. Ich muß zugeben, daß ich mich über seinen plötzlichen Besuch freute. Er stieg die engen Stufen zu mir hoch und trat in mein Zimmer.

»Setz dich!« forderte ich ihn auf und bot ihm einen warmen Platz nahe dem Feuer an. Sein Gesicht war abgezehrt von den Strapazen des Herumreisens. Es dauerte Wochen und oftmals Monate, bis man mit dem Pferd vom Westen nach Norden und wieder zurück gereist war. Regen, Nebel, aufgeweichte Wege erschwerten viel zu häufig das Vorwärtskommen. Auf See war das alles leichter, wenn man nicht gerade in einen Sturm geriet. Ein zweiter Blick in das Gesicht dieses Mannes sagte mir, daß Richard auch nicht mehr der jüngste war. Das Alter hatte auch von ihm seinen Tribut gefordert.

Finola brachte jedem von uns ein großes Glas köstlicher

Buttermilch und etwas Honiggebäck. Danach ließ sie uns wieder allein.

»Die verdammten Engländer werden dieses Land noch unter ihre Fuchtel kriegen«, platzte es unvermittelt aus meinem Gast heraus. »Du glaubst gar nicht, wie viele verstockte und verbohrte Narren es in unserem schönen Irland gibt, Grania.«

Seine Stimme klang bitter.

»Du hast keinen Erfolg gehabt?«

Er schüttelte den Kopf.

»Nein! Jeder denkt, so schlimm könne es nicht kommen. Niemand will zugeben, daß er es allein vielleicht nicht schaffen könnte. Welcher Sept gibt sich schon gern eine Blöße?«

»Elisabeth Tudor hat die Clans also richtig eingeschätzt.«

»Das hat sie in der Tat. Sie scheint eine äußerst kluge Frau zu sein. Anstatt mit Gewalt vorzugehen, versucht sie zunächst einmal die Clans zu kaufen.«

Ich hatte davon gehört, aber ich konnte mir nicht vorstellen, daß sie damit wirklich Erfolg haben würde. Dementsprechend winkte ich gelassen ab.

Richard lächelte mich zynisch an.

»Sie hat damit sogar im Clan der O'Malleys Erfolg«, sagte er, und es klang wie beiläufig.

»Du lügst!« fuhr ich ihn an. »Ich hasse die Engländer wie die Pest.«

Was wollte der alte Fuchs von mir? Für einen Moment überlegte ich sogar, ihn rausschmeißen zu lassen.

»Ich rede auch nicht von dir, Grania. Aber vielleicht solltest du deinen Sohn Murrough einmal fragen, ob er englisches Gold mag oder nicht.«

»Das ist eine Unverschämtheit«, sprang ich schreiend auf. »Mein Sohn…«

»Dein Sohn Murrough ist ein Abtrünniger«, fiel mir Richard ins Wort. Ich starrte in seine eisgrauen Augen, prüfte sie und wendete schließlich meinen Blick von ihnen ab. In meinem Leben hatte ich lernen müssen, ein Gespür dafür zu entwickeln, ob Menschen die Wahrheit sprachen oder nicht. Richard meinte es ernst mit dem, was er sagte. Doch ich konnte es nicht fassen.

»Mein eigen Fleisch und Blut soll …« Ich verstummte wegen der Ungeheuerlichkeit des Gedankens.

»Deshalb bin ich zu dir gekommen, Grania. Ich wollte dich warnen.«

»Warum, Richard? Du hast allen Grund, mich zu hassen.«

»Habe ich das?« Seine Stimme klang leise. Plötzlich hörte ich jemanden eilig die Treppe hinaufhasten. Ich wußte sofort, wer gleich seinen dunklen Lockenkopf durch den Türvorhang stecken würde. Tibbot sprang unbekümmert in den Raum hinein und drängte sich dann scheu an meine Seite, als er den unbekannten Gast entdeckte.

»Schon allein deswegen hättest du Grund, mich zu hassen«, preßte ich zwischen meinen Lippen heraus.

Iron Richard schwieg. Er sprach für eine sehr lange Weile kein Wort. Sein Blick war fest auf Tibbot gerichtet.

»Wie heißt dein … unser …«

»Tibbot Na Long«, sagte ich.

»Tibbot, der auf dem Schiff geboren wurde«, übersetzte er langsam. Dann lachte er auf, und die Beklemmung wich von meiner Brust.

»Du bist unglaublich, Grania. Einfach unglaublich. Aber vielleicht habe ich dich gerade deswegen geheiratet.«

Wir schauten uns an und schwiegen.

»Mama, wer ist dieser fremde Mann?« fragte mich plötzlich eine zarte Stimme.

»Dein Vater, Tibbot. Dieser Mann ist dein Vater, mein Sohn. Er ist sehr lange fort gewesen.«

Ich verließ meinen Turm und wäre beinahe über Ulick gestolpert, der auf den Stufen hockte und seine Pistolen säuberte. Schnuppernd hielt ich meine Nase in den Wind. Die Luft war klar, und den Segeln stand eine gute Brise bevor…

»Mache mein Schiff klar, Ulick. Und hole die Männer zusammen.«

»Wohin geht's, Grania«, murmelte er, ohne aufzublicken. Mit einem gewachsten Tuch rieb er über den Lauf der Pistole, bis er wieder glänzte.

»Nach Connacht.«

»Nach Connacht? Willst du gegen Galway ziehen?«

»Vorerst gegen Murrough!«

»Gegen Murrough?« Erstaunt sah er auf.

Doch ich wartete Ulicks weitere Reaktion nicht ab, sondern lief hinunter zum Hafen.

Mein in Spanien erbautes Flaggschiff dümpelte im seichten Wasser. Unter seinem Kiel war es bis zum Grund höchstens noch fünf Hände breit. Der Hafen war für tieferliegende Schiffe nicht geeignet. Die Engländer oder andere Feinde hätten mit ihren plumpen »Pötten« draußen vor der natürlichen Bucht ankern müssen. Von dort aus aber lag Rockfleet außerhalb der Reichweite ihrer Kanonen. Selbst bei einsetzender Flut stieg der Wasserspiegel im Hafen nicht wesentlich an. Ich liebte Rockfleet, denn es war strategisch gesehen die beste Burg, die sich eine Freibeuterin wie ich wünschen konnte.

Ulick traute seinen Augen nicht, als ich eine Stunde später mit Tibbot an der Hand an Bord ging.

»Du willst ihn mitnehmen?« fragte er entsetzt. »In einen Krieg?«

»Was glaubst du wohl, wofür er auf der Welt ist?« gab ich zurück. »Je schneller er begreift, daß er, um leben zu können, dafür kämpfen muß, desto besser für ihn.«

»Aber er ist erst fünf.«

»Das ist früh genug.«

Für Tibbot war das alles ein großer Spaß. Er durfte mit seiner Mutter auf der Brücke stehen und Kapitän spielen. Die Männer lachten über seine frische Naivität und seine Ungezwungenheit. Ich hingegen wunderte mich darüber, daß Tibbot auch bei hohem Seegang keine Anzeichen von Übelkeit zeigte. Wie hatte sich mir damals der Magen umgedreht, als ich mit Black Oak das erste Mal auf See fuhr. Mein Sohn nahm begierig alles auf, denn er wollte ja später wie seine Mutter ein Schiff steuern können. Einige seemännische Sprüche sagte ich ihm auf dieser Reise immer wieder vor. So wie diesen:

> Kommt der Wind vorm Regen,
> bringt dir die Sonne bald wieder Segen.
> Sollt' Regen vor dem Wind eintreffen,
> mußt du die kleinen Segel reffen.

Tibbot stampfte mit seinen nackten Füßen über Deck und wiederholte den Merkspruch so häufig, daß die Männer anfingen, ihn zu singen. Es war ein herrlicher Spaß. Und wer unser Schiff vorbeisegeln sah, wäre niemals auf die Idee gekommen, daß wir in einer kriegerischen Angelegenheit unterwegs waren.

Wir liefen nicht sogleich in den Hafen von Bunowen ein. Zuvor hatte ich einen Mann an Land bringen lassen, der unauffällig Erkundigungen über Murrough einholen sollte. Nach Richards Aussagen pfiffen es in Connacht bereits die Spatzen von den Dächern, daß er mit den Engländern paktierte. Wir ankerten solange in einer kleinen Bucht, wo wir allen neugierigen Blicken durch eine mondlose Nacht entzogen waren.

Als Aidan – unser Späher – gegen Mitternacht aufs Schiff zurückkehrte, war sein Gesicht nachdenklich und ernst.

»Deine Vermutung ist richtig, Grania. Richard Bingham ist bei Murrough gewesen und als er wieder ging, hat er einen Sack mit Goldmünzen dagelassen. Bingham hat ihn Murrough in die Hand gedrückt, und der hat sich noch dafür bedankt. Viele haben es gesehen.«

»Wer ist dieser Richard Bingham?« wollte ich von ihm wissen.

»Elisabeths neuer Wachhund in Irland. Sie sagen, er hat scharfe Zähne und würde zuschlagen, wo er nur könnte. Bingham sei blutdürstig. Und besonders lechze er nach deinem Blut, Grania.«

Das letzte berührte mich wenig. Doch daß sich Murrough diesem Engländer gebeugt hatte, traf mich um so tiefer. Ich beschloß, meinem Sohn am anderen Morgen einen Denkzettel zu verpassen.

Mit dem ersten Wind, der unsere Segel blähte, lösten wir den schweren Anker und segelten aus unserem Versteck. Wenig später erreichten wir die Bucht von Bunowen. Jeder unerfahrene Seemann wäre an den versteckten Riffen und Klippen in diesem Gewässer gescheitert. Doch ich hatte mich Jahre meines Lebens hier aufgehalten und kannte jede Untiefe nur zu genau. So fuhren wir in die weite Hafenbucht hinein, und ich brachte mein Schiff in eine günstige Schußposition. Die zwei Bugkanonen feuerten los und brachten gleich beim ersten Schuß die Eingangsmauer zum Einsturz. Die nächste Kanonenkugel fegte die gesamte Schutzwehr hinweg, so daß Bunowen für eine Beschießung direkt vor uns lag. Aber soweit wollte ich nicht gehen. Statt dessen ließ ich Boote zu Wasser und ruderte mit mehreren Männern hinüber, um an Land zu gehen. Murrough kam mir bereits mit seinen Leuten entgegen.

»Was soll das, Mutter?« rief er schon von weitem. »Willst du uns töten?«

»Ich will dich lehren, was es heißt, mir in den Rücken zu fallen, Murrough.« Während ich mit ihm sprach, gab ich meinen Männern durch Handzeichen zu verstehen, das Vieh meines Sohnes zusammenzutreiben und auf mein Schiff bringen zu lassen. Murrough bemerkte augenblicklich, was vor sich ging.

»Das kannst du nicht tun, Grania.«

»Dann versuch mich daran zu hindern, Murrough.« Demonstrativ zog ich meinen Degen aus der Scheide.

»Du hast von mir und Bingham erfahren«, sagte er leise.

Ich nickte, und meine Augen blitzten dabei zornig.

»Die Möwen tragen es schon nach Rockfleet und schreien es heraus, wenn sie auf den Wellen tanzen.«

»Bingham ist ein mächtiger Mann, Mutter. Wir sollten uns überlegen …«

»Das genügt«, brüllte ich ihn an. »Du elender Verräter am eigenen Volk! Setzt Bunowen in Brand!« befahl ich meinen Männern. »Murrough gehört nicht mehr zu uns!«

Nun kam es doch noch zu einer bewaffneten Auseinandersetzung. Murrough und seine Leute setzten sich, so gut sie konnten, zur Wehr, um das Schreckliche zu verhindern. Aber wir waren dreimal so viele wie sie, und schon bald brannte Bunowen lichterloh. Da gaben sie schließlich auf und warfen die Waffen von sich. Ich trat auf Murrough zu und versetzte ihm zwei schallende Ohrfeigen. Er rührte sich nicht, sondern blickte wie erstarrt zu seiner brennenden Burg.

»Diese Ohrfeigen waren für deine miese Tat. Beim nächsten Mal kommt's schlimmer für dich, Murrough!«

Er antwortete nicht. Fast tat er mir schon wieder leid. Aber ein Mann in seiner Position muß wissen, was seine Handlungen nach sich ziehen. Dies ist schließlich kein Spiel mehr. Es geht um unser aller Fortbestehen in Irland.

Würden wir alle so wie Murrough denken, dann könnten wir uns ja gleich eine Kugel durch den Kopf schießen.

Ich war in meinem Zorn vorerst befriedigt, und wir zogen uns zurück aufs Schiff.

15 Ein Sieg über die Engländer

Es war fast auf den Tag genau vier Wochen später. Ulick und ich waren soeben von einem Ausflug nach Doona Castle zurückgekehrt. Wie so häufig in letzter Zeit verhielt sich Ulick still und in sich gekehrt und brütete dumpf über irgend etwas nach. Ich vermißte seine feine Ironie und seine Heiterkeit, die er früher so gerne an den Tag gelegt hatte. Ob es daran lag, daß ich mich wieder mit Richard verstand?

Ich wollte gerade damit anfangen, ihn ein wenig zu frotzeln, als ich innehielt und erstarrt auf eine dunkle Linie am Horizont blickte.

»Schnell!« rief ich meinen Ruderern zu. »Zurück zur Burg. Wir kriegen unangenehmen Besuch!«

Die Männer legten sich in die Riemen und ruderten den Curragh in den sicheren Hafen. Kurze Zeit später warf eine englische Kriegsflotte vor der Bucht Anker. Ihre Kanonenkugeln platschten weit vor uns ins Wasser und machten uns von oben bis unten naß. Zu Schaden kam Gott sei Dank niemand. So konnten wir uns ungefährdet in den Schutz der starken Mauern von Rockfleet begeben. Ich eilte die Stufen zu meinem Zimmer hinauf und beobachtete durch ein Fensterchen den Feind. Fünf große Schiffe hatte Bingham gegen mich aufgeboten. Nun wurden Boote zu Wasser gelassen und setzten eine große Zahl von Soldaten an Land ab.

»Ulick, wie viele Männer stehen uns zur Verfügung?«

»Nicht so viele, wie wir brauchten«, gab er zur Antwort. »Die meisten sind beim Fischen draußen, und sie können nicht zurück, weil die Engländer die Hafeneinfahrt blockieren. Folglich werden sie versuchen, über Land zu uns zu stoßen. Aber auch das wird seine Zeit dauern.«

Wir saßen also wie die Maus in der Falle. Rockfleet bot einen gewissen Schutz, weil die Burg nicht direkt beschossen werden konnte. Andererseits war es uns auch nicht möglich, Rockfleet zu verlassen. Es war sicher, daß sie uns belagern würden, und das würde uns schon nach kurzer Zeit vor arge Schwierigkeiten stellen. Für länger als eine Woche waren wir nicht eingerichtet. Danach würden unsere Lebensmittel und vor allem unser Trinkwasser knapp werden. Erwartet hatte ich einen Überfall der Engländer eigentlich immer. Nur daß er ausgerechnet jetzt kam, verblüffte mich doch ein wenig. Und ich hatte das ungute Gefühl, daß mein Sohn Murrough irgendwie damit zu tun hatte. Was waren das nur für Zeiten, in denen schon der eigene Clan begann, sich selbst zu bekämpfen, dachte ich schmerzlich.

Die Belagerung begann. Rockfleet war mit Waffen bestens ausgerüstet. Die Burg war fast uneinnehmbar. Selbst wenn der Feind bereits ins Innere eingedrungen sein sollte, so konnte er immer noch nicht ins erste Stockwerk gelangen. Das wurde nämlich von einer Leiter geschützt, die bei Gefahr heraufgezogen werden konnte.

Währenddessen beobachtete Captain Martin, der Anführer der Engländer, die wie ausgestorben daliegende Burg. Er mußte glauben, daß ich höchstens drei Dutzend Soldaten zur Verteidigung bei mir hatte, nachdem er sein Fernrohr abgesetzt hatte. Denn auch ich hatte ihn im Visier. Er sagte etwas zu einem Mann neben sich. Vielleicht so etwas wie: »Das wird ein leichter Sieg für uns.«

Aber noch wehrte ich mich entschieden. Salven von Pfeilen und Musketenschüsse empfingen die siegessicheren Engländer. Kochendes Blei – von oben herabgegossen – drohte jeden zu verbrennen, der sich den Mauern von Rockfleet zu weit näherte. Außerdem gab es genügend Steine, die gleichfalls auf die Köpfe der Angreifer geworfen wurden.

Captain Martin verteilte seine Truppen längs der Hafeneinfahrt. Er brachte auch einige kleine Kanonen auf dem Land in Stellung, aber die Durchschlagskraft ihrer Kugeln war für die Mauern von Rockfleet zu gering. So vergingen vierzehn Tage, ohne daß Martin die Burg erobert hätte. Im Gegenteil! Viele seiner Soldaten waren im Kampf gegen die schwarzhaarige Hexe gefallen. Ab und zu erschien ich, die verhaßte Grace O'Malley, in einem meiner Fenster und überschüttete seine Leute mit wüsten Schmähungen. Wie gerne hätte er die berüchtigte Piratin mit dem Knüppel aus ihrer Burg getrieben.

Dann, einige Tage später, hatte der Kampf begonnen, sich eindeutig zu seinen Ungunsten zu entwickeln. Die Iren trauten sich plötzlich aus ihren Wäldern und griffen die Engländer an. Es waren jene Leute, die nicht mehr zu mir in die Burg hatten gelangen können, nachdem der Hafen blockiert worden war. Martin befahl seinen Soldaten, sich zurückzuziehen.

Auf diesen Augenblick hatte ich gewartet. Noch bevor die Soldaten an Bord ihrer Kriegsschiffe klettern konnten, ließ ich von meinen Schiffen aus das Feuer auf sie eröffnen. Jetzt befanden sich die Belagerer in ernsten Schwierigkeiten. Wir versenkten drei englische Kriegsschiffe. Die anderen zwei konnten sich nur mit größter Mühe in Sicherheit bringen. Rockfleet atmete auf.

Ulick suchte mich in meinem Zimmer auf. Diesmal war ich es, die dumpf vor sich hin brütete.

»Alles in Ordnung?« fragte er mich.

Ich nickte fast unmerklich mit dem Kopf.

»Du hast sie vertrieben, Grania. Du hast es geschafft, aus einer scheinbaren Niederlage einen Sieg zu machen. Die Engländer haben wie die Hasen die Flucht ergriffen. Was hast du also?«

»Nichts.«

»Bist du krank?«

»Nein.«

Ulick wußte nicht, was er tun sollte. Zuletzt stand ich auf und ging zum Kamin hinüber. Ich schürte das Feuer und legte noch einige Brocken getrockneten Torf in die Glut. Dann setzte ich mich wieder in meinen französischen Sessel. Plötzlich lehnte ich meinen Kopf zurück gegen Ulick, der hinter mir stand.

»Ich hatte Angst«, gestand ich.

»Du? Angst? Ich glaube, der Wind erschreckt sich schneller.«

Ungewollt mußte ich lächeln. Dann wurde ich wieder ernst und antwortete:

»Die Situation war sehr schwierig in den letzten Tagen. Ich weiß, daß ihr vor mir verbergen wolltet, daß wir so gut wie nichts mehr zu essen und zu trinken hatten. Ich habe auch mitbekommen, wie unsere Männer begannen, ihre eigene Pisse zu trinken ...«

»Sie wollten Wasser sparen für dich und ...« Es klang wie eine Entschuldigung.

»Ja eben. Für mich und Tibbot. Niemals zuvor habe ich gespürt, wie bedroht mein Kind ist. Ich habe die Engländer heute besiegen können. Was aber wird morgen sein?«

Ich machte eine Pause, und auch Ulick entgegnete nichts.

»Es kam niemand, um uns zu unterstützen!« sprach ich weiter. »Wo wir doch alle tödlich betroffen sind.«

16 In Sir Richard Binghams Kerker

Im folgenden Jahr ging Black Oak nach langem Leiden für immer aus dieser Welt, ohne daß ich an das Sterbebett meines Vaters gerufen worden wäre. Erst von Melaghlin hatte ich erfahren, daß er gestorben war. Um seiner Beisetzung in der Familiengruft auf Clare Island beizuwohnen, machte ich mich bereits einen Tag vor der Beerdigung auf den Weg. Ich reiste mit einem kleinen Schiff und nahm nur Ruri Oge und eine Handvoll Männer mit. Aus einem Grunde, den ich später nicht mehr nachvollziehen konnte, legte ich eine kurze Rast in der Abtei von Murrisk ein.

Ich wollte die Brüder besuchen, bei denen ich einst Lesen und Schreiben gelernt hatte. Ich ahnte nicht, daß auch bereits Murrisk von der Engländern korrumpiert worden war. Sie hatten den augustinischen Abt gekauft, der für sie Spitzeldienste unter seinen Gläubigen erledigte. Unglücklicherweise hielt sich in der Abtei an jenem Tage Richard Bingham mit einem Trupp von etwa dreißig Soldaten auf. Ich war unachtsam gewesen. Andernfalls wäre mir die unnatürliche Stille verdächtig vorgekommen.

In Gedanken mit dem Tod meines Vaters beschäftigt und damit, daß so viel Ungeklärtes noch zwischen uns gestanden hatte, was wir beide zu seinen Lebzeiten noch hätten aus der Welt schaffen müssen, schlenderte ich, alles andere als wachsam, auf den Eingang der Abtei zu. Plötzlich hörte ich Ruri Oge nach mir rufen. Ich drehte mich um. Gleichzeitig ertönte ein Schuß. Ruri Oge warf die Arme hoch und sackte in sich zusammen. Ungläubig stand ich da und starrte auf die groteske Szene. Dann fühlte ich auf einmal einen stechenden Schmerz am Hinterkopf. Danach wurde ich ohnmächtig.

Als ich wieder zu mir kam, blickte ich in die widerliche Fratze des neuen Gouverneurs von Connacht. Richard Bingham war wirklich ein Ausbund an Scheußlichkeit und sein Charakter war so verdorben wie die ganze englische Politik, die er vertrat. Das erste, was er zu mir sagte, war:

»Dich krieg' ich klein, Grace O'Malley. Wenn ich mit dir fertig bin, wirst du mir die Füße küssen, um frei zu kommen.«

Ich spuckte ihm ins Gesicht.

Er bewegte nicht einen Muskel. Lässig wischte er mit einem Taschentuch die Spucke ab, ohne dabei auch nur den Blick von mir zu wenden.

Innerlich schauderte ich über diese kalten grausamen Augen. Bingham war der gefährlichste Mann, der mir jemals über den Weg gelaufen war. Warum hatte er mich eigentlich nicht sofort umbringen lassen? überlegte ich. Plötzlich trat er ganz dicht an mich heran und schlug mir mit der geballten Faust ins Gesicht.

»Das war für dein schlechtes Benehmen, Piratin«, sagte er ungerührt. Dann holte mich die Dunkelheit der Ohnmacht wieder ein.

Ich erwachte in einer Zelle. Mein Gesicht schmerzte heftig. Auch stellte ich fest, daß ich einen Schneidezahn verloren hatte. Der Geschmack im Mund war bleiern und unangenehm. An meinen Lippen klebte getrocknetes Blut. Ich lag auf einem halbtrockenen Strohbündel. Die Zelle war feucht und kalt. Vier Meter über mir befand sich ein enges vergittertes Fenster. Hungrige Ratten huschten im Dämmerlicht an mir vorüber. Ich war allein.

Stunden oder Tage später – ich weiß es nicht – vernahm ich ein Klacken an meiner Gefängnistür. Dort befand sich ein Schieber, durch den man von außen in meine Zelle gucken konnte. Ein dunkles kaltes Augenpaar fixierte mich. Ich sprang auf.

»Bingham!« schrie ich. »Ich weiß, daß du mich beobachtest. Ich weiß auch, was du von mir willst. Du willst, daß ich öffentlich erkläre, daß ich die Politik der Engländer unterstütze. Du willst, daß ich mein Land verrate. Meine Unterschrift auf einem englischen Papier würde für große Aufregung im Lande sorgen. Viele würden meinem Beispiel folgen – das glaubst du doch? Deswegen hast du mich doch hier eingesperrt, oder? Aber du täuschst dich, Bingham. Grace O'Malley gibt nicht nach. Niemals! Eher sterbe ich hier in diesem Loch.«

Der Schieber fuhr wieder zurück. Das Augenpaar verschwand. Zeit verging. Wieviel, konnte ich nicht schätzen. Ich bekam in meinem Loch weder Wasser noch Nahrung. Stille war mein einziger Gast. An einer Wand drang von außen muffige Feuchtigkeit in den Raum. Einmal, als es stark regnete, lief Wasser an der Wand herunter. Gierig schlürfte ich die wenigen Tropfen mit meinen spröden Lippen auf. Meine Gedanken kreisten um meinen toten Vater, um Ruri Oge, der erschossen wurde und um Tibbot. Die Ungewißheit um das Schicksal meines Sohnes drohte mir zeitweise den Verstand zu rauben. Aber ich gab nicht auf. Immer wenn der Türschieber betätigt wurde, sprang ich auf, so gut ich konnte und stemmte beide Arme in die Hüften. Dann schrie ich jedesmal:

»Ich gebe nicht auf, Bingham. Nein! Du kriegst mich nicht weich.«

Aber keiner gab mir Antwort. Niemand sprach mit mir.

Meinen Hunger stillte ich mit den vorbeihuschenden Ratten. Ich lernte es, sie mit meinem Hemd zu fangen, indem ich es über sie warf. Ich aß ihr warmes Fleisch und trank ihr warmes Blut. Ich trank meine eigene Pisse. Ich schlief. Ich träumte. Ging der Schieber, sprang ich auf, um dadurch zu zeigen, wie kräftig ich war.

Sir Richard Bingham, Gouverneur von Connacht

Bingham beobachtete mich und wartete. Ich starb nicht.

Einmal schreckte ich hoch, weil ich meinte, ein Geräusch gehört zu haben. Dabei entdeckte ich Speisereste, die mir jemand in die Zelle geworfen haben mußte. Wollte mich Bingham vergiften? Ich warf ein Stück davon den Ratten hin, die sich gierig darum stritten. Anschließend wartete ich stundenlang, bevor ich selbst davon nahm.

Von da an fütterte mich ein unbekannter Gönner beinahe täglich mit Abfällen. Ein Schälchen Wasser war ab und zu auch dabei. Allmählich kam ich wieder zu Kräften.

Ich belauschte ein Gespräch, das offensichtlich von zwei Wachen geführt wurde. Sie redeten über Francis Drake, einen englischen Kapitän. Ich hatte von ihm schon gehört. Er soll vor Jahren den Iren im Süden mächtig zugesetzt haben. Jetzt, hörte ich, bräche er zu einer Weltumsegelung auf. Königin Elisabeth finanzierte diese weite Reise. Mit irischem Blutzoll, dachte ich verächtlich. Drake reiste um die Welt, und ich vermoderte in diesem Grab. Stundenlang überlegte ich, ob ich an seiner Stelle sein wollte. Warum soll nicht auch Grace O'Malley um die Welt segeln? Schließlich war ich Seekapitänin. Wahrscheinlich die einzige, die es gab. Aber nein. Ich war auch Sept meines Clans. Ich hatte für viele Menschen Sorge zu tragen. Tibbot brauchte mich. Ich konnte nicht fort.

Und doch war ich es! Fort. Wie lange eigentlich schon?

Und während es mir vorkam, als hätten mich alle draußen vergessen, grübelte der brave Ulick über meine Befreiung nach. Ich saß nun fast sechs Monate im Gefängnis von Galway. Nach meiner überraschenden Gefangennahme in Murrisk, bei der der treue Ruri Oge den Tod gefunden hatte, herrschte zunächst große Unruhe unter meinen Gefolgsleuten. Niemand wußte etwas Genaues. Gerüchte gingen um. Vielleicht hatte Bingham mich schon längst köpfen lassen, sagten die einen. Aber dann hätte der Gouverneur sich nicht entgehen lassen, daraus einen großen Schauprozeß zu machen, um öffentlich ein abschreckendes Urteil zu demonstrieren, meinten wiederum andere. Andererseits wäre durch meine Hinrichtung vieles in Connacht bewegt worden. Das hätte sicherlich blutige Aufstände provoziert. Unter Umständen wären die Clans gemeinsam gegen Galway marschiert, und dann hätte das Schicksal der Stadt auf Messers Schneide gestanden. Wahrscheinlich, so konnte Ulick annehmen, schmachtete ich seit einem halben Jahr in irgendeinem üblen Verlies und betete, daß ich die Hoffnung noch nicht aufgegeben hatte.

Ulick war nämlich dabei, Pläne für meine Befreiung zu schmieden. Aber alle, die er fragte, verhielten sich zögernd. Die Engländer wollten doch Grania haben, dachten sie wohl, und nicht uns. Uns lassen sie in Ruhe. Ulick konnte nicht mehr zählen, wie oft er in den letzten Monaten aus Wut mit der Faust auf den Tisch geschlagen hatte. Erst jetzt, wo ich in Gefahr schwebte, zeigten sich meine wahren Freunde. Und das waren nicht mehr als fünf, sechs Dutzend Männer. Damit läßt sich aber keine Stadt wie Galway erobern. Bei meinen Söhnen Owen und Murrough brauchte Ulick erst gar nicht anzuklopfen. Sie hatten den Engländern bereits ihre Seelen verschrieben. Melaghlin O'Malley auf Clare Island war zu alt für eine solche Aktion. Und Margrets Mann … ja, was war eigentlich mit »Devil's Hook« in Kildawnet? Meine Tochter Margret hatte schließlich einen tapferen Mann geheiratet. Vielleicht würde ja die »Teufelskralle« mithelfen, mich zu befreien.

Ulick überlegte nicht lange, sondern segelte mit einem Boot nach Achill. Kildawnet Castle lag gegenüber der Insel Curraun, mit dem Schiff eine halbe Tagesreise entfernt. Ganz kurz hatte Ulick auch in Erwägung gezogen, Iron Richard um Hilfe zu bitten. Aber er hatte diesen Gedanken schnell wieder verworfen. Erstens war es höchst fraglich, ob Richards neu erwachte Zuneigung so weit ging, und zweitens hätte es Ulick überhaupt nicht gefallen, den »Eisernen« bei dieser Befreiungsaktion an seiner Seite zu haben.

Er erreichte Kildawnet am frühen Nachmittag und platzte laut rufend in die große Halle der Burg hinein, nachdem ihn die Wachen erkannt und unverzüglich hineingelassen hatten. Diese Halle war mit ausgewählten Holzmöbeln und seidenen Wandbehängen geschmückt. Aber dafür hatte Ulick keinen Blick übrig. Er wollte gleich zur Sache kommen. Margret nötigte den Ungeduldigen erst einmal, Platz zu nehmen. Dann bot sie ihm Whiskey an, den er hastig herunterkippte wie Wasser. Devil's Hook war nicht überrascht, Granias Gefolgsmann in seiner Burg zu begrüßen.

»Ich kann mir denken, warum du gekommen bist«, begann er. »Grania ist zu lange am Wind gesegelt. Sie hat nicht gemerkt, daß Glück wandelbar ist.«

Margret gab ihrem Mann recht. »Ich kann einfach nicht verstehen, daß sie immer noch in Männerkleidung herumläuft und auf stinkigen Schiffen reist. Sie besitzt so eine schöne Burg. Rockfleet ist so komfortabel…«

Ulick unterbrach ihren Redeschwall. »Ich glaube, du hast einfach nicht die Größe, um deine Mutter richtig zu verstehen, Margret.«

Der Frau stieg die Röte ins Gesicht, und sie mußte mehrmals schlucken. Doch Devil's Hook löste die Spannung, bevor es zum Streit kam. Er sagte:

»Wie kannst du glauben, Ulick, Grania retten zu können? Sie wird gut bewacht. Bingham hat für alles vorgesorgt.«

Ulick stützte traurig sein Kinn auf seine Arme. Leise, mit fast flehender Stimme, sprach er: »Ich dachte, du würdest mir helfen, sie da herauszuholen.«

»Ich weiß, daß du das dachtest, aber ich bin doch nicht

118

so verrückt, mich mit Bingham anzulegen. Ich bin froh, daß ich hier meine Ruhe hab.«

Noch, dachte Ulick sarkastisch. Aber das kann sich schon morgen ändern, du Narr. Laut sagte er, wobei er Margret fixierte:

»Sie ist deine Mutter, Margret, vergiß das nicht. Sie würde dich jederzeit aus allen Kerkern der Welt holen lassen. Unter Einsatz ihres Lebens.«

Ulick hatte niemals auf Margret etwas gegeben. Sie war für ihn eine dumme Gans. Um so überraschter war er daher bei ihrer Entgegnung:

»Grania würde das für mich tun, ich weiß. Alles, was mit ihrer Familie zu tun hat, beliebäugelt sie wie eine Glucke ihre Küken. Vielleicht ist sie sogar eine Mutter, eine gute Mutter sogar. Ich weiß es nicht, denn ich habe sie nie als Mutter gesehen. Ich konnte es nicht. Sie, sie, sie ist mir immer fremd geblieben … mit ihren Schiffen, ihrer Liebe zum Meer, ach, ich weiß nicht. Jedenfalls, ich habe sie nie als Mutter gehabt. Vielleicht ist sie eine Mutter … oder eine … eine … Was soll ich dazu sagen? Sollen doch die Mütter von Connacht für sie kämpfen«, schrie sie heftig heraus.

Als hätte er sich auf einen Nagel gesetzt, sprang Ulick plötzlich auf. »Das ist es«, jubelte er laut. »Ich kann nicht genügend Krieger zusammenbekommen, aber sicherlich genügend Frauen.«

»Frauen?« Das Kinn von Devil's Hook klappte nach unten.

»Ja, Frauen. Irische Frauen haben in den alten Zeiten immer kämpfen müssen. Mit Waffen, mit Hinterlist, mit allem …«

»Aber diese Zeiten sind schon lange vorbei, Ulick.«

»Sicherlich. Aber wissen das die Engländer auch? Nein! Und wer kann aus der Ferne auf einem Schiff Frauen als Frauen erkennen? Niemand. Weil niemand damit rechnet. Ich werde eine Armee von Frauen zusammenstellen, und diese Armee wird die Engländer in Galway in Angst und Schrecken versetzen.«

Ulicks Augen glänzten vor Aufregung. Grania, wir werden dich retten, dachte er glücklich.

17 Die Armee der Frauen

Kein Unglück ist so groß, daß man es nicht ertragen könnte. Hunger, Durst, Dunkelheit, körperliche Schmerzen, all das ertrage ich fast ohne zu murren. Aber ich ertrage nur schwer, von dem Leben, das ich in diese brutale Welt hineingeboren habe, getrennt zu sein. Tibbot, meine abtrünnigen Söhne, und Margret, das Püppchen, ich liebe euch. Aber darf ich um dieser Liebe willen schwach werden und mich der Willkür dieses Bingham aussetzen? Nein! Um euretwillen muß ich stark bleiben. Auch wenn mir das von Tag zu Tag schwerer fällt. Längst springe ich nicht mehr auf, wenn der Türschieber geht. Längst rede ich auch nicht mehr drauflos. Ich sage nur: nein. Einfach, nein. Dann läßt er mich wieder in meiner Einsamkeit zurück. Diese Stille droht mir, den Verstand zu rauben. Doch bevor das geschieht, erinnere ich mich jedesmal an meine Lieblingsplätze auf Clare Island und bei Rockfleet. Ich hocke am Strand und schaue aufs Meer hinaus. Seit ich hier bin, geschieht es das erste Mal in meinem Leben, daß ich das unendliche Meer nicht jeden Tag gesehen habe. Das Meer ist das Schönste auf der Welt. Es bleibt immer das, was es ist. Nur die Menschen üben Verrat an sich selbst. Wirklich häßlich können deshalb auch nur Menschen sein.

Die Bewohner von Galway ergriff der Schrecken, als sie die Flotte von sechzehn Schiffen vor ihrem Hafen kreuzen sahen. Die gälischen Kriegsschiffe waren mit Soldaten übersät, die an Deck mit ihren Füßen einen gleichmäßigen Rhythmus stampften, der einem durch Mark und Bein ging. Die Bewohner von Galway eilten hastig zu ihren Häusern und verbarrikadierten ihre Türen. Dahinter beteten sie zitternd, daß die englischen Herren und Befehlshaber der Stadt sie beschützen mögen. Bingham hatte mich nach oben in seinen Raum bringen lassen. Von dort beobachtete er die unerwartet große gälische Flotte mit einem Fernglas. »Warum zum Teufel kommen sie nicht näher an die Stadt heran?« fluchte er laut.

»Noch halten sie sich zurück«, meinte einer seiner Offiziere warnend. »Mein Gott. Es müssen mehr als zweitausend Krieger sein. Sie werden unsere neuen Verteidigungsmauern überrennen wie die Flut eine Sandburg.«

»Sie können sich Ihre bildhaften Vergleiche sparen«, herrschte Bingham ihn an. »Wie zum Henker haben sich diese Gaels zu einer solchen Armee zusammenfinden können? Wir hatten sie doch nach der Gefangennahme dieser Hündin schon fast am Boden.« Er wies mit der Hand nach mir. Dann fluchte er und schimpfte ungeniert drauflos.

»Wir werden sie freigeben müssen, Sir«, unterbrach ihn sein Erster Offizier.

»Verdammt noch mal! Ich weiß selbst, was ich zu tun habe. Verstanden, Ripley?«

Der Angesprochene zuckte unter dem Wutausbruch seines Gouverneurs zusammen.

»Ja, Sir!«

Bingham lief in seinem Zimmer auf und ab. Dann stand er vor mir, die ich wie ein Häufchen Elend in einer Ecke des Raumes kauerte.

»Ich hatte dich schon fast kleingekriegt. Du Hexe! Gleich, als ich dich erwischte, hätte ich dich auf der Stelle hinrichten lassen sollen, Grace O'Malley! Aber ich schwöre dir, du wirst der Sargnagel deines Landes werden. Ich werde dich wieder fassen. Schon bald. Sei auf der Hut. Bringt sie zurück in ihr Loch. Sie wird morgen bei Tagesanbruch erst ausgeliefert.«

Ich war nicht in der Lage, irgend etwas darauf erwidern zu können.

In der Nacht hatte ich einen seltsamen Traum. Ich sah Finola vor mir, und ich hörte, wie sie zu mir sprach. Aber ich verstand sie nicht. Sie zeigte mit dem Arm auf irgend etwas. Aber ich konnte es nicht sehen. Und dann blickte ich auf eine große Flotte von gälischen Kriegsschiffen. Die Decks dieser Schiffe waren übersät mit Kriegern. Und wieder sah ich Finola, als wollte sie mir etwas Wichtiges erklären. Plötzlich änderte sich die Szene. Ich befand mich auf einem Schiff dieser Flotte. Aber dort gab es nur Frauen. Es war ein seltsamer Anblick. Alte, zahnlose Frauen mit Falten und Runzeln sah ich, und sie hielten Pistolen und Musketen in ihren Händen. Junge Frauen bedienten die schweren Kanonen und zehnjährige Mädchen standen auf Kisten und Fässern, um größer zu wirken. Alle waren sie bewaffnet, aber ich hatte das sichere Gefühl, als wüßten sie im Ernstfall nicht mit diesen Waffen umzugehen. Fragend schaute ich zum Steuerruder hinauf, und einmal mehr erblickte ich Finola. Sie lächelte mich an. Ulick stand neben ihr. Erneut sprach Finola etwas zu mir und zeigte auf all die Frauen. Aber ich konnte sie nicht verstehen. Es war wie ein Flüstern, das der Sturm verweht.

Das Licht wiederzusehen. Die Sonne. Und das Meer. Es mußte ein Traum sein. Ein unendlicher, wunderschöner Traum. Der auch schmerzte, weil das Licht zu grell schien, die Sonne zu sehr brannte, das Meer zuviel Wasser enthielt. Sie hatten mich gepackt und aus meiner dunklen Zelle herausgeholt. Nein! flüsterte ich zu Bingham, als sie mich an ihm vorbeiführten. Nein! Nein! Sein Blick war der eines wilden Tieres, dem ein Stärkerer die Beute wegnimmt. Sie schleppten mich zum Hafen. Dort standen Ulick und Finola. Wie in meinem Traum. Sie führten mich zu einem Curragh. Als das kleine Boot auf den Wellen schaukelte, hatte ich endlich begriffen und wurde ohnmächtig vor Glück.

Das Meer: Berge und Täler aus Tränen. Tränen der Freude. Tränen des Leids. Das Meer besteht aus Blut und Sonnenschein. Das Meer ist das Leben.

Ich vergoß Tränen der Freude, als ich die Zinnen von Rockfleet im Sonnenlicht aufleuchten sah. Die Luft roch regenfrisch, aber es war nicht kalt. Der Himmel hatte viele Löcher in seiner Wolkendecke, durch die sich die Sonne Bahn brach. Wir fuhren in die enge Bucht hinein, an deren Ende mein so langersehntes Zuhause stand. In den Erlen krächzten die Raben, und hoch oben überflog wie so oft eine Schar kleiner Vögel das ruhige Wasser.

Alles war wie immer. Nichts hatte sich geändert. Stimmen klangen vom Ufer an mein Ohr. Hände winkten mir zu. Und irgendwo hinter diesen klobigen Mauern dort vorne wartete mein Sohn Tibbot auf die Rückkehr seiner Mutter. Da hielt es mich nicht länger an Deck des gemächlich dahintreibenden Schiffes. So wie ich war, sprang ich kopfüber in das kalte Wasser. Ich wollte an Land schwimmen, doch ich merkte sofort, daß die Monate der Entbehrungen im Kerker meinen Körper geschwächt hatten. Zugleich zog mich meine Kleidung nach unten, die sich voll Wasser gesaugt hatte. Einen Augenblick lang zappelte ich in Panik, weil ich dachte, ich müßte ertrinken. Dann fühlten meine Beine Grund unter sich, und ich schwamm ruhiger. Ich atmete aus. Das war unüberlegt, schalt ich mich, und knapp. Viele

Menschen hatten mich bei meiner riskanten Handlung beobachtet. Nun wateten einige von ihnen sogar ins Wasser hinein, um mir zu helfen. Sie stützten mich und schleppten mich zu einem Stein am Ufer. Ich war erschöpft, aber froh, endlich wieder daheim zu sein.

Ich durfte die Engländer nicht unterschätzen. Vor allen Dingen aber nicht Richard Bingham, denn dieser Mann haßte mich wie die Pest und würde nicht eher ruhen, bis er mich getötet hatte. Davon konnte ich ausgehen, und deshalb begann ich in den Wochen nach meiner Rückkehr, Rockfleet auf eine mögliche neue Belagerung durch englische Schiffe einzurichten. Im seichten Wasser bargen wir unter großen Mühen vier Kanonen von den untergegangenen englischen Kriegsschiffen. Wir zogen sie mit Seilen aus dem Wasser.

Danach wurden sie gereinigt, schußbereit gemacht und zu beiden Seiten der Hafeneinfahrt aufgestellt. Zwar würden sie bei einem erneuten Überfall den mächtigen Feind auf Dauer nicht aufhalten können, seine Pläne aber zumindest empfindlich stören. Auf dem Festland ließ ich längs der Küste Beobachtungsposten aufstellen. Diese konnten – gesetzt den Fall, die Engländer wollten mich zu Lande angreifen – Signalfeuer in Brand setzen, die mich lange vor ihrem Eintreffen ausreichend warnen würden. Genügend Waffen und Vorräte wurden in die Burg geschafft, um eine Belagerung von mehreren Monaten durchzustehen. Zusätzlich wurde die Hafeneinfahrt durch große Steine noch so sehr verengt, daß Schiffe nur nacheinander die Durchfahrt passieren konnten. Für die großen Kriegsschiffe der Engländer war die Bucht ohnehin zu seicht, wie es sich gottlob herausgestellt hatte.

18 Ein Abschied

Eines Tages besuchte mich Iron Richard. Ich war gerade dabei, den Zustand meiner Schiffskanonen zu kontrollieren, als er sich mit einem Curragh zu mir übersetzen ließ. Nicht mehr so gewandt wie früher, kletterte er an Bord. Sein Haar war schlohweiß, seine stahlgrauen Augen blickten müde und erschöpft. Sogar seine Schultern ließ der »Eiserne« hängen. Zusätzlich hatte ihn auch noch ein fürchterlicher Husten befallen. Doch seine Augen begannen zu strahlen, als er vor mir stand.

»Es ist schön, daß du wieder in Rockfleet bist«, begann er. »Ich hatte immer darauf gewartet, daß Ulick mich um Hilfe bittet, aber er hat es vorgezogen, alte Frauen gegen die Engländer in den Krieg zu schicken. Mit Erfolg, wie ich sehe.«

Wir lachten beide, denn Ulicks Trick mit den Frauen hatte sich überall herumgesprochen. Ganz Irland machte sich mittlerweile über die Engländer lustig. Einen Moment lang dachte ich wehmütig an Ulick. Ich hatte immer gewußt, was ich an diesem mir treu ergebenen Mann gehabt hatte, aber ich hatte es ihn viel zu selten spüren lassen. Ich nahm mir vor, das in Zukunft zu ändern.

»Wo steckt der Schiffsjunge?« fragte Richard schmunzelnd.

Er meinte Tibbot, der von seinem Vater wegen der besonderen Umstände seiner Geburt so gerufen wurde. Tibbot trug es gelassen.

»Er ist in der Burg und hat Unterricht.«

»Unterricht?«

»Ja. Ich habe einen Augustiner holen lassen, damit Tibbot nicht nach Murrisk muß.«

»Das ist klug von dir. Bingham hat den Abt des Klosters

bestochen, und der würde nur zu gern unseren Sohn an Galway ausliefern, wenn er die Gelegenheit dazu bekäme.«

Ich nickte zustimmend.

»Was lernt Tibbot bei dem Priester?«

»Latein und vor allem Englisch.«

Iron Richard trat erstaunt einen Schritt zurück und wäre beinahe über ein Knäuel Schiffstaue gestolpert. Ich reichte ihm die Hand, was seinen Sturz verhinderte.

»Englisch, sagst du?« rief er aus. »Wozu soll das gut sein?«

Ich zog die Nase hoch.

»Es ist unbedingt erforderlich, daß er die Sprache seines Feindes kennt.«

Dann machte ich einen Scherz:

»Wie soll er ihre Kapitulation erkennen, wenn er sie schwarz auf weiß vor sich hat, und sie nicht einmal lesen kann?«

Richard blickte mich einen Augenblick lang verblüfft an, dann verzogen sich seine Mundwinkel, und er fing aus vollem Herzen an zu lachen. Was allerdings in einem Hustenanfall endete.

Ich schlug ihm vor, mit mir nach Rockfleet zu kommen, wo Finola ihm einen stärkenden Kräuteraufguß kochen würde. Dankbar nahm er an, spielte aber zugleich seine Krankheit herunter. Als wir in die Halle der Burg traten, kam uns Tibbot bereits entgegen. Noch immer staunte ich, wie groß er während der Zeit meiner erzwungenen Abwesenheit geworden war. Die gute Finola hatte sich mehr als acht Monate lang um ihn gekümmert. Kein Wunder, daß er dabei nicht zu kurz gekommen war. Nun versorgte sie Richard und machte ein besorgtes Gesicht, als er Stunden später Rockfleet wieder verließ.

»Seine Zeit ist um. Ich sehe die linke Knochenhand des Sensenmannes schon voll auf seiner Schulter ruhen. Die

rechte ist dabei, sich langsam auf die andere niederzu-
senken.«

Erschrocken fuhr ich zu ihr herum.

»Ist denn keine Hilfe für ihn möglich?« rief ich aus.

Sie schüttelte verneinend den Kopf.

»Das Leben des ›Eisernen‹ geht zu Ende.«

Richard, der losreiten wollte, hatte wohl mitgekriegt, daß
ich irgend etwas gerufen hatte. So drehte er sich noch einmal zu mir um.

»Leb wohl, Grania.«

»Leb wohl, Richard. Ich werde dich vermissen.«

Aber die letzten Worte hörte der eilige Reitersmann
schon nicht mehr.

19 Kämpfe

Die Jahre zogen ins Land, in denen die Engländer ihre Position immer stärker ausbauten. Richard Bingham machte
sich einen unrühmlichen Namen als »Schlächter« und
Frauenschänder. Jedenfalls ließ er es zu, daß seine Horden
sich in den Dörfern aufführten wie die Wilden. Die Menschen schrien nach Rache und Bestrafung. Doch im Grunde
genommen war es dafür schon fast zu spät. Elisabeth Tudor
schickte immer mehr Soldaten nach Irland. Diese waren
bestens ausgerüstet, während die Clans sich teilweise mit
Speeren, Knüppeln und Steinen zur Wehr setzten. Das war
zwar mutig, aber Mut allein macht aus Männern noch keine
Sieger. Der Druck der Engländer wuchs von Jahr zu Jahr.

Dann kam das Jahr 1588. Das Jahr, in dem die Königin von England ihren größten Sieg erringen sollte – den über die Armada. Wer hätte ihr das zugetraut? Aber sie besaß zwei hervorragende Admiräle: Drake und Hawkins. Mit diesen klugen und verwegenen Männern wehrte sie die größte Gefahr für ihr Land ab, die es bis dahin jemals zu bestehen gehabt hatte. Zuvor aber legte sich ein kleiner Finger ihrer Hand zu einer fast entscheidenden Schlacht mit Irlands einziger Piratin an. Und das kam so:

In jenem Sommer zogen englische Truppen mordend und plündernd durch das Gebiet, das Devil's Hook für sich beanspruchte. Die Soldaten vergewaltigten fast alle Frauen, die sie zu fassen kriegten, und selbst Mädchen, die noch halbe Kinder waren. Sie brannten Häuser nieder und verwüsteten die Felder. Sie zerschlugen die Curraghs der Fischer und erschossen jeden, der sich ihnen in den Weg stellte. Als die Nachricht dieser brutalen Überfälle durch meine Wachposten entlang der Clew Bay zu mir drang, brach ich unverzüglich mit meiner gesamten Flotte auf. Ich wollte meinem Schwiegersohn zu Hilfe kommen, der sich zusammen mit Margret in großer Gefahr befand. Mit zwölf Schiffen segelte ich von Rockfleet fort, nicht ahnend, daß dies alles eine geschickt ausgeklügelte Falle des grausamen Gouverneurs von Connacht war.

Binghams Plan war es gewesen, mich aus meiner Burg zu locken, aus deren Schutz ich mich schon seit Jahren nicht mehr herausbegeben hatte. Jedenfalls nicht, um fremde Schiffe aufzubringen und auszuplündern. Nun hatte er zu einer List gegriffen. Pfiffen es denn nicht die Spatzen von den Dächern, daß Grace O'Malley jedem aus ihrer Familie half, wenn er um Hilfe schrie? Ich achtete nicht auf die dunklen Sturmeswolken, die sich über meinem Kopf zusammenbrauten. Ich stand aufrecht am Steuer meines größten Schiffes und hatte meinen Blick stur nach Westen gerichtet – zur Curraun-Insel. Kildawnet Castle mußte jeden Moment am Horizont auftauchen. Gerade wollten wir in den schmalen Sund hineinsegeln, der sich zwischen Achill und Curraun erstreckt, als das Unheil über uns losbrach. Aus dem Sund kamen uns fünf englische Kriegsschiffe entgegen und von der Meerseite noch einmal zehn. Wir waren von allen Seiten eingeschlossen.

Bingham ließ uns nicht lange Zeit, uns von unserer Überraschung zu erholen. Die Kanonen seiner großen Schiffe eröffneten unverzüglich das Feuer auf uns. Offensichtlich wollten uns die Engländer weniger entern, als uns mit Pulver und Blei vom Meer fegen. Sicherlich wäre ihnen das auch gelungen, wenn Bingham nicht etwas Wesentliches bei seiner Schlachtführung übersehen hätte. Unsere Schiffe waren meist niedriger gebaut als die englischen. Diese besaßen hohe Aufbauten, die für unsere Kanonenkugeln ein willkommenes Ziel darstellten. Weil aber die Geschützdecks der englischen Kriegsschiffe höher lagen und offensichtlich nicht bewegt werden konnten, fuhren ihre Kugeln meist durch unser Takelwerk, ohne nennenswerten Schaden anzurichten. Das änderte sich, nachdem Bingham begann, seine kleineren Schiffe gegen uns einzusetzen. Aber zu diesem Zeitpunkt hatten meine Kanoniere schon gründliche Arbeit geleistet.

Trotzdem konnten wir die Übermacht der Engländer immer noch nicht entscheidend brechen. Weil bereits viele Schiffe meiner Flotte brannten und steuerlos umhertrieben, benutzte ich einige von ihnen als »Brander«. Das heißt, sie wurden von meinen Männern so auf Kurs gebracht, daß sie direkt mit einem englischen Schiff zusammenstießen und das Feuer auf den Feind überspringen konnte. Auf diese Weise verloren die Engländer mindestens vier große Schiffe. Dicker Pulverqualm verfinsterte den Himmel. Sirrend sausten Kugeln durch die Luft und detonierten krachend im Holz, das splitternd auseinanderflog. Männer schrien vor Wut oder heulten vor Schmerzen. Das Meer war mit Leichen bedeckt. Niemals zuvor hatte vor Irlands Küste eine Seeschlacht solchen Ausmaßes getobt. Mir kam es mitunter vor, als lastete der Schutz meiner Heimat allein auf meinen Schultern. Die so ungleich begonnene Schlacht mündete in ein totales Fiasko auf beiden Seiten.

Bingham hatte alles aufgeboten, wozu er als Gouverneur in der Lage war. Ich selbst kämpfte ebenfalls mit meiner ganzen Flotte. Zum Schluß hatten wir uns gegenseitig fast vernichtet. Als Bingham erkannte, daß wir vom Land durch Devil's Hooks Leute noch zusätzlich Verstärkung erhalten sollten, floh er mit drei beschädigten Schiffen vom blutigen Schauplatz des Geschehens. Und ich setzte mit zwei halbwegs intakten Schiffen meine Fahrt nach Kildawnet Castle fort. Beide hatten wir unsere gesamte Flotte verloren. Hunderte von Männern waren ertrunken oder im Kampf gefallen. Es war schrecklich. Müde und abgekämpft ankerten wir im Sund vor der Burg meines Schwiegersohnes, der zwar zuletzt noch rettend eingegriffen, aber wieder einmal viel zu spät reagiert hatte.

Margret und Devil's Hook waren mit dem Eindringen der Engländer in das für Fremde unzugängliche Bergland von Achill geflohen. Bei Ausbruch der Seeschlacht kehrten sie dann wohlbehalten in ihre Burg zurück, von wo aus mein Schwiegersohn den Verlauf des Kampfes verfolgte. Erschöpft und geschlagen suchte ich nun in seinen Mauern Unterschlupf. Margret hockte blaß und verheult am Tisch. Devil's Hook blickte zerknirscht in die trübe Flüssigkeit seines Weinpokales hinein. Was er dort zu sehen hoffte, war mir unklar. Wenn er mit solchen Hundeaugen auch in das Leben schaute – na dann gute Nacht, Irland!

Wie so viele auf der irischen Insel hatte auch Devil's Hook seine Augen vor der Wirklichkeit zu lange verschlossen. Zug um Zug kamen die Engländer somit ans Ziel. Weil die Clans nicht zusammenstehen wollten, weil jeder glaubte, es ginge ihn der andere nichts an, war es ein leichtes für Irlands Feinde, sie einzeln aufzureiben. Ich hatte meine Flotte und meine Männer für einen politisch Blinden geopfert. Bingham hatte zwar abziehen müssen, aber er dürfte sich in Galway bereits wieder ins Fäustchen lachen. Seinem Ziel, mich endgültig zu vernichten, war er um neun von zehn Schritten nähergekommen. Und wenn Grace O'Malley fiel, dann war die Westküste Irlands unweigerlich verloren.

»Danke, Mutter«, hörte ich Margret das Schweigen brechen.

Ich zuckte die Achseln. Meine Stimme klang bitter.

»Wofür? Von nun an seid ihr dran. Die letzte Rechnung, die werdet ihr ganz allein bezahlen dürfen.«

Weil die Schäden an meinen zwei mir noch verbliebenen Schiffen in Kildawnet nicht behoben werden konnten, fuhren wir am folgenden Tag hinüber nach Clare Island. Dort gab es Material und Holz genug für uns. Belclare empfing uns zurückhaltend. Noch immer war ich der gewählte Sept des O'Malley Clans, aber die Zeiten waren härter geworden. Englische Kriegsschiffe kontrollierten alle Schiffahrtswege nach Spanien und Frankreich. Von zehn ausgeschickten irischen Schiffen kehrten höchstens zwei mit eingetauschten Waren zurück. Die anderen ruhten auf dem Meeresgrund. Nach Melaghlins Tod hatte sein Sohn Morton, ohne mich allerdings zu fragen, die Herrschaft über Cliara an sich gerissen. Er war jung und arrogant und verstand von der Seefahrt soviel wie ein Schwein vom Kochen. Mich kümmerten seine großspurigen Bemerkungen wenig. Wenn er von sich gab, die Engländer an nur einem Tag aus ganz Irland herausschmeißen zu können – was soll man auch darauf antworten?

»Tu es, Morton«, riet ich ihm. Aber das war wohl nicht ganz das, was er hören wollte. Lieber erging er sich in seinen grotesken Ankündigungen von Schlachten und Kämpfen mit Hunderten von Schiffen, die alle seinem Befehl unterstanden.

Das Wetter im September 1588 war so furchtbar wie schon lange nicht mehr. Stürme überzogen Clare Island und die Bay Clew mit einer solchen Heftigkeit, daß sich kein Fischer mehr auf See hinauswagte. Wochenlang war der Himmel schwarz von Regenwolken. Trotzdem schlenderte ich eines Morgens von Belclare hinunter zu meinem früheren Lieblingsplatz am Meer. Der Regen hatte an diesem Tag ein wenig nachgelassen. Ich aber kauerte mit feuchtem Haar auf dem alten Stein und starrte in das Grau in Grau der bleiernen See und des Himmels. Plötzlich sah ich einen toten Seemann im Wasser treiben, dann noch einen und noch einen. Ich traute meinen Augen kaum. Was war hier los? Wrackteile wurden von der Flut auf den Strand gespült. Und als ich von einem Hügel aus meinen Blick über das Grab der See schweifen ließ, da war bis zum Horizont alles mit zerborstenen Schiffen und zerfetzten Leichen übersät. Die toten Seeleute aber trugen spanische Kleidung. Was hatten sie hier zu suchen gehabt? Spanische Kriegsschiffe waren in den wärmeren Regionen des Mittelmeers oder in der Adria zu Hause. Vielleicht auch noch in der »Neuen Welt« jenseits des Ozeans. Aber doch niemals in irischen Gewässern! In den Wochen nach meiner Entdeckung wurden mehr und mehr spanische Wracks vom Wind und den Gezeiten an die Westküste getrieben. Überlebende Matrosen dieser Schiffe berichteten uns schließlich von der verlorenen großen Seeschlacht gegen Elisabeth von England. Und dabei waren die stolzen Spanier so siegessicher in diesen Krieg gezogen.

Philipp von Spanien hatte dazu aufgerufen. Er wollte es der Tudor-Königin endlich heimzahlen, daß ihr Admiral Drake in der »Neuen Welt« ungestraft spanische Besitzungen ausgeplündert und eingeäschert hatte. Außerdem waren von diesem dreisten Piraten viele der spanischen »Silberschiffe« – beladen mit den unermeßlichen Schätzen der »Neuen Welt« – auf See gestellt und aufgebracht worden. Im übrigen waren für Philipp von Spanien die Engländer nichts anderes als Ungläubige, als von der katholischen Kirche abgefallene Ketzer. Der Papst in Rom hatte Elisabeth wie schon ihren Vater Heinrich VIII. exkommuniziert und aus der Kirche ausgestoßen. Für ihr gottloses Wirken in der Welt wollte der spanische König ihnen einen kräftigen Denkzettel verpassen. Am 23. Juli 1588 schickte er deshalb seine »Unbesiegbare Armada« gegen England. So wurde sie bis dahin von den Spaniern genannt. Von jedem Seemann aber hätte man sich sagen lassen können, daß ein solcher Name das Schicksal geradezu herausfordern mußte. Denn das Meer sieht menschliche Überheblichkeit und Prahlerei nicht gern. 128 Schiffe mit etwa 30 000 Mann machten sich auf ihren tödlichen Weg zur Themse.

Doch Elisabeth Tudor hatte diesen Überfall seit Jahren erwartet. Um den schwerfälligen spanischen Kriegsschiffen mit ihren turmähnlichen Aufbauten etwas Gleichstarkes entgegenzusetzen, hatte ihr Admiral – Sir John Hawkins – kleine schlankere Schiffe bauen lassen. Diese waren wendiger und leichter zu manövrieren als herkömmliche Kriegsschiffe. Außerdem besaßen viele Schiffe der englischen Flotte weiterreichende Kanonen als die spanischen Schiffe.

Ein folgenschweres Zusammentreffen beider Flotten ereignete sich in Calais. Der Wind stand für die ankernden Spanier unglücklich. In der Nacht brach es dann über die Armada herein. »Brander« zogen wie riesige Fackeln zwischen die Reihen der Spanier. Sofort entstand ein heilloses Durcheinander. Panik ergriff die Seeleute. Medina Sidonia, der spanische Admiral, ließ die Ankertaue kappen. Kopflos suchten die Spanier ihr Heil in der Flucht. Doch die See ging hoch, und so wurde die Flotte in die Nordsee hineingetrieben. Mit allen Segeln und ihren weittragenden Kanonen griffen nun die Engländer erneut an. Die Armada hatte keine Chance gegen sie. Medina Sidonia wollte seine arg zerschossene Flotte um Schottland herum zurück nach Spanien führen. Das wurde ihr Ende. Die heftigen Stürme und die gefährlichen Klippen an Irlands Küsten erledigten, wozu die Engländer nicht mehr gekommen waren. Knapp sechzig spanische Schiffe konnten der Vernichtung entgehen. Mehr als 20 000 Männer hatten ihr Leben verloren. Viele, die versucht hatten, sich in Connacht an Land zu retten, waren von Binghams Soldaten grausam ermordet worden. Elisabeth Tudor hatte den größten Sieg in ihrer Geschichte errungen.

Erfreue dich daran, Tudor-Königin!

20 Geschichten im Winter

An den Winter in jenem Jahr erinnere ich mich noch sehr genau. Er war sehr hart und kalt. So bitterkalt, daß der Schnee in Mayo und Connacht mehrere Wochen liegenblieb. Zeitweise war die Hafenbucht vor Rockfleet sogar zugefroren, was meines Wissens noch niemals geschehen war. Im Dezember 1588 blieb jeder nur zu gern bei seinem lodernden Kaminfeuer zu Hause hocken, als daß er sein Haus freiwillig verlassen hätte. Selbst die Engländer ließen die Iren während dieser Wintermonate in Ruhe. In Rockfleet hatten wir uns mit genügend Torf und Holz für das hungrige Kaminfeuer eingedeckt. Sogar einen Barden aus Kinsale hatte ich eingeladen. Und so saßen wir in den Tagen vor Weihnachten alle in der großen Halle von Rockfleet versammelt und lauschten aufmerksam den Geschichten, die die Runde machten.

Liam O'Donnell, der Barde, berichtete von einer seltsamen Pflanze, die der Engländer Walter Raleigh vor fünf Jahren im Süden Irlands in die Erde gepflanzt habe. Die Menschen erzählten sich, daß sie aus der »Neuen Welt« nach Europa gebracht worden sei. Das Land für den Anbau dieser Pflanze war dem englischen Adeligen von Elisabeth Tudor geschenkt worden, nachdem sie es den Iren gestohlen hatte. Die merkwürdige Pflanze wurde Kartoffel genannt. Angeblich sollte sie eßbar und sogar sehr schmackhaft sein. Wir konnten diese Geschichte kaum für voll nehmen und machten uns entsprechend lustig über sie. Nur die hellsichtige Finola malte sich eine Zukunft aus, in der diese Kartoffel nicht mehr von den Tischen der Menschen wegzudenken sei. Das war uns nun doch zu phantastisch, und so lachten wir nur noch heftiger über so viel Unsinn.

Ein Seemann hatte Ulick von einem Stein vorgeschwärmt, den es auf der Burg Blarney bei Cork geben sollte. Wer immer diesen Stein küßte, dem wurde die Gabe der Beredsamkeit geschenkt. Damit ausgestattet, konnte er einen jeden von dem überzeugen, was er selbst glaubte und für richtig hielt. Wir schüttelten fassungslos die Köpfe. Ich erklärte mich sofort bereit, diesen Wunderstein zu küssen, wenn ich dadurch nur die Macht erhielt, auf Königin Elisabeth solange einreden zu können, bis sie alle Truppen aus Irland wieder abzog. Aber das würde wohl leider nur ein Märchen bleiben.

Irgend jemand wußte auch von der Hexe Alice Kyteler zu erzählen. Sie hatte in Kilkenny ihr schauriges Unwesen getrieben, bis die Engländer gegen sie vorgingen. Daraufhin wurde sie öffentlich verbrannt. Andere erzählen jedoch, sie habe sich bereits schon vorher in Luft aufgelöst, nachdem sie ihrer Dienerin Marge ihre eigene Gestalt angehext habe. Die Richter hatten also eine vollkommen Unschuldige hinrichten lassen. Alice Kyteler aber soll in Galway gesehen worden sein.

»Vielleicht schafft sie es ja, Binghams wahre Gestalt sichtbar werden zu lassen«, sagte Tibbot plötzlich.

»Und die wäre?« fragten wir alle neugierig.

»Natürlich die einer giftgrünen fetten Kröte«, antwortete er ernst. Wir schlugen uns alle vor Begeisterung auf die Schenkel, und die Krüge voll Wein leerten sich und wurden unzählige Male wieder nachgefüllt.

Die meiner Meinung nach schönste Geschichte wurde uns am Heiligabend von Finola erzählt. Es war ein altes Märchen, das sich die Menschen von Achill ausgedacht hatten:

»Sam O'Brien kauerte mit seiner Mutter auf der Schwelle ihres Hauses. Beide blinzelten sie in die Sonne, deren heißes Auge an diesem Mittag ungetrübt auf Achill herabblickte. Solange sich Sam zurückerinnerte, hatte er in seinem achtzehnjährigen Leben mindestens einmal am Tag mit seiner Mutter zusammen hier gesessen. Sogar wenn es regnete und das Wasser vom Dach auf den Schwellenstein tropfte, hatten sie dafür Zeit gefunden. Dann strahlte der nasse Stein einen besonderen Geruch aus, wie die Schiefertafeln, nachdem man die Kreide mit einem feuchten Tuch abgewischt hat. Sam O'Brien liebte diesen Geruch, den der Schwellenstein seines Elternhauses nach jedem Regen ausströmte. So riecht es nur bei mir daheim, sagte er sich. Hier bin ich am liebsten. Und manchmal dachte er auch daran, daß sein Urgroßvater diesen Quader einst von den Höhen des Slievemore auf seinen Schultern heruntergeschleppt hatte. Es war ein schönes Gefühl, sich auf etwas ausruhen zu können, auf das alle lebenden und längst verstorbenen Mitglieder seiner Familie immer wieder hatten treten müssen.

Aber mit achtzehn ergriff ihn mehr und mehr eine innere Unruhe. Es hielt ihn nicht länger mit seiner Mutter auf der

Schwelle, und so sagte er an diesem wunderschönen Mittag: ›Ich will fortgehen, Mutter, und das Land suchen, wo man niemals stirbt. Denn zu sterben, gefällt mir nicht.‹

Die Frau blickte ihren Sohn besorgt an, aber da hatte er sich auch schon von ihr verabschiedet und war davongegangen. Er sollte sie niemals wiedersehen.«

»Aber das ist ja furchtbar«, entfuhr es mir. Finola lächelte und nickte mir verständnisvoll zu. Wollte sie mir vielleicht einen versteckten Hinweis auf Tibbot geben? Sie fuhr fort zu erzählen.

»Wohin Sam O'Brien auch kam, es konnte ihm niemand sagen, wo das Land liegt, in dem man nie stirbt. Die Menschen, die er danach fragte, schüttelten alle den Kopf, zuckten ratlos mit den Schultern oder tippten sich vielsagend an die Stirn.

Eines Tages traf Sam einen Fischer. Und als er ihn fragte: ›Kannst du mir sagen, wo das Land liegt, in dem man nie stirbt?‹ – da antwortete dieser: ›Wenn du nicht sterben willst, dann bleib bei mir. Solange ich das Meer noch nicht leergefischt habe – solange wirst du nicht sterben.‹

›Und wie lange wirst du brauchen, um es leerzufischen?‹

›Vielleicht dreihundert Jahre.‹

›Und danach muß ich sterben?‹

›Sicher! Danach mußt du sterben.‹

›Nein, nein‹, sagte Sam O'Brien. ›Das ist nicht der richtige Ort für mich. Ich suche das Land, wo man niemals stirbt.‹

So zog er weiter. Lange wanderte er umher in der Welt. Schließlich traf er einen Mann, der mit einer kleinen Schere Gras mähte. Da fragte er ihn: ›Ach bitte, weißt du vielleicht, wo das Land liegt, in dem man nie stirbt?‹

›Na, dann bleib doch einfach bei mir. Schau, solange ich noch nicht alle Wiesen im Lande mit meiner kleinen Schere abgemäht habe – solange wirst du nicht sterben.‹

›Und was schätzt du, wie lange du dafür brauchen wirst?‹

Der Mann überlegte einen Augenblick lang.

›Nun, gute sechs-, siebenhundert Jahre wird es sicherlich dauern.‹

›Und danach muß ich sterben?‹

›Danach mußt du sterben. Aber reicht dir denn so ein langes Leben nicht?‹

Sam schüttelte den Kopf. ›Ich suche das Land, in dem man nie stirbt.‹

›Da kann ich dir nicht helfen‹, antwortete der Grasmäher.«

»So ein verrückter Kerl«, meinte Ulick laut. »Sechshundert Jahre kommen mir vor wie die Ewigkeit.«

Viele aus der Runde gaben ihm recht.

»Ich verstehe auch nicht, warum er da noch weitersucht«, hieß es.

»Sam verließ also den Grasmäher und suchte weiter. Eines Abends hörte er in der Ferne ein helles Glöckchen klingen. Er folgte dem himmlischen Klang und kam an das Ufer eines großen Sees. In der Mitte dieses Wassers entdeckte er eine Insel. Von dort schien das Glöckchengeläut zu kommen. Ohne zu zögern, sprang Sam O'Brien ins Wasser und schwamm zur Insel hinüber.«

Es mußte sich um Tibbot handeln, denn er war der einzige in Rockfleet, der schwimmen konnte, überlegte ich.

»Sam fand auf der Insel einen gewaltigen und prächtigen Palast vor. Als er an das Tor klopfte, öffnete ihm ein Mann und fragte: ›Was willst du, Jüngling?‹

›Ich suche das Land, in dem man nie stirbt.‹

›Dann bist du hier genau richtig‹, antwortete der Mann. ›Solange du hier im Palast wohnst, wirst du niemals sterben.‹

So hatte Sam von Achill-Island den Ort seiner Begierde zuletzt doch noch gefunden. Er blieb bei dem Mann im Palast und die Jahre vergingen. Eine Menge Jahre, könnt ihr mir glauben.

Und dann, eines Tages, sprach Sam zu dem Mann:

›Es ist wirklich ganz nett bei dir – aber ich hätte doch Lust, noch einmal meine Eltern und meinen Clan zu besuchen.‹

›Was für Eltern? Was für einen Clan? Sie sind längst tot und zu Staub zerfallen.‹

›Na, dann wenigstens die Gegend, in der ich aufgewachsen bin!‹

›Gut!‹ sagte der Mann nach kurzem Zögern. ›Aber du mußt einiges dringend beachten. Ich gebe dir ein Pferd. Den Rücken dieses Pferdes darfst du niemals verlassen. Sobald deine Füße die Erde berühren, mußt du sterben.‹

›Klar‹, sagte Sam O'Brien. ›Zu wem sollte ich auch schon in die Stube wollen?‹

So kehrte er der Insel und dem wunderbaren Palast den Rücken. Auf seinem Weg fand er alle, die ihm ein langes Leben versprochen hatten, tot neben ihren Taten, die sie vollendet hatten, liegen. Die Wiesen waren gemäht. Die Fische gefangen. Zuletzt erreichte Sam O'Brien Achill. Doch er erkannte die Heimat kaum wieder. Das Haus seiner Kindheit war verschwunden. Ja, es schien geradezu so, als habe an der Stelle niemals ein Haus der O'Briens gestanden. Enttäuscht wollte er sich schon abwenden, als er, in der Erde halb versunken und von Moosen und Gräsern fast überwuchert, etwas Bekanntes entdeckte.

Es war der Schwellenstein und Sam ritt ganz dicht heran, um ihn zu betrachten. In diesem Augenblick setzte ein feiner Nieselregen ein, und der alte Stein strömte wieder seinen typischen Geruch aus. Erregt beugte sich Sam von seinem Sattel ganz tief zu ihm hinunter, um soviel wie möglich davon durch seine Nase aufzunehmen. Wie gut das roch! Im ewigen Palast des Alten gab es keine einzige Stelle, die so unvergleichbar gut roch wie diese nasse Schwelle seines Elternhauses. Und plötzlich rutschten seine Füße aus den Steigbügeln, und Sam stürzte bäuchlings auf den alten Stein hinunter, der vor vielen Jahren der Eingang zu seinem Heim gewesen war. Es erschreckte ihn kaum.

›Hier bin ich zu Hause!‹ rief er freudig aus, als er ihn berührte. Dann verteilte der Wind seinen Staub über ganz Achill.«

»Wunderschön«, sagte der Barde anerkennend, als Finola geendet hatte. Wir alle gaben ihm recht, und ich wollte meine beste Freundin noch vieles bezüglich des Märchens fragen, aber da war sie schon aufgestanden und hatte sich für den Abend verabschiedet.

21 Tibbot gefangen

Frühjahr, Sommer, Herbst und Winter kamen und gingen. Die festen Mauern von Rockfleet standen wie eh und je und würden auch noch in Hunderten von Jahren so stehen. Das Meer blieb das Meer. Nur den Menschen ging es von Mal zu Mal schlechter. Die Antrim Mac Donnells hatten einen großen Aufstand gegen die land- und menschenstehlenden Engländer gewagt und … waren geschlagen worden. Mit den neuen Herren im Land zogen auch Kälte, Hunger und Niedertracht ein. Niemand wußte, wem noch zu trauen war. Englisches Gold machte nach wie vor die Runde bei den Clan-Führern. Dennoch war Binghams Blutdurst noch immer nicht gestillt. Ich hatte meine Flotte zum Teil wieder aufgebaut. Noch einige Male versuchte Elisabeths scharfer ›Wachhund‹ Bingham sich mit mir auf offener See anzulegen. Aber jedesmal konnte ich einer erneuten Schlacht ausweichen. Zuletzt mußte ich sogar bei den befreundeten O'Neills in Ulster, im Norden Irlands, Unterschlupf suchen.

Daß ein Mann wie Richard Bingham, solange er atmete, niemals aufgeben würde, hätte ich mir eigentlich an meinen zehn Fingern ausrechnen können. War ich zu arglos gewesen? Hatte ich trotz allem nicht genügend Vorsicht walten lassen? Jedenfalls hatte ich es versäumt, Tibbot vor dem hinterhältigen Abt von Murrisk zu warnen. So mußte mich das Unglück doch noch ereilen. Ulick, mit dem ich nun seit vielen Jahren das Bett und die Nächte teilte, kam eines Nachmittags atemlos zu mir gelaufen. Ich war gerade dabei, mich mit einem Curragh zu meinem Schiff übersetzen zu lassen. Mit ihm wollte ich meinen Schwiegersohn, Margret und die Kinder besuchen.

»Grania, Tibbot ist nach Murrisk gerudert. Ich habe es eben erst von Sean erfahren.«

»Das ist nicht wahr«, antwortete ich entsetzt. »Das falsche augustinische Schwein wird ihn unverzüglich an Bingham ausliefern.«

Noch während ich mit Ulick weiterredete, befahl ich meiner Mannschaft, die Segel zu setzen und direkt Kurs auf das Kloster am gegenüberliegenden Ufer der Clew Bay zu nehmen.

»Was sucht Tibbot in Murrisk?« fragte ich.

»Er bekam plötzlich den Einfall, seinen alten Lehrer aufzusuchen.«

Fassungslos schüttelte ich den Kopf und schalt mich eine Närrin, weil ich meinem Sohn niemals etwas von dem Verräter erzählt hatte. Mit windgeblähten Segeln fuhren wir nach Murrisk, so schnell wir konnten. Vielleicht war es ja ein Wettlauf gegen die Zeit? Vielleicht kamen wir ja noch im richtigen Augenblick? Wer konnte das wissen? Ich betete, daß es so sein mochte.

Wir kamen zu spät. Der verräterische und feige Abt hatte die Gunst der Stunde genutzt und Tibbot mit seinen wenigen Begleitern überwältigt. Tibbot war es danach so ergangen, wie mir vor vielen Jahren. Englische Soldaten hielten sich immer in seiner Nähe auf. Vor Stunden war mein Sohn bereits nach Galway gebracht worden. Das heimtückische Grinsen des Priesters, der zugleich an seine fette Belohnung dachte, trieb mir die Zornesröte und den Haß ins Gesicht. Ich war alt geworden, aber immer noch nicht zu alt, um mit diesem falschen Bruder fertig zu werden. Es wurde Zeit, ihm die Rechnung für sein jahrelanges böses Handeln zu präsentieren. Er mußte wohl geahnt haben, was ich plante, denn er zog eine kleine Pistole aus seiner Kutte, in dem Augenblick, als ich zu meinem Messer griff. Instinktiv warf ich mich zur Seite auf den Boden und schleuderte die Klinge auf ihn. Die Kugel traf ins Leere. Mein Messer jedoch nicht. Der geldgierige Abt starb röchelnd auf den Stufen seiner Kirche.

Daß ich Tibbot nicht sofort helfen konnte, machte mich noch wütender. Ulick nahm mich in die Arme, um mich zu beruhigen.

»Was wäre, wenn ich mich gegen ihn austauschen ließe? Bingham will mich und nicht Tibbot.«

»Grania! Bingham will euch beide. Und das tot!«

Ulick hatte recht. Aber ich konnte Tibbot nicht allein lassen. Ich mußte ihm zu Hilfe kommen. Nur wie?

Vier Tage später erreichten mich noch schlechtere Nachrichten. Bingham ging kein Risiko mehr ein und hatte deshalb Tibbot ins Gefängnis nach Dublin bringen lassen. Das war so sicher wie Abrahams Schoß. Ihn dort herauszuholen, war aussichtslos.

Die vier Kinder des Königs Lir leben lange Zeit in dem lichtvollen, herrlichen Reich ihres Vaters. Doch eines Tages kommt eine böse Frau ins Land, bezirzt den König und wird seine Frau. Sogleich nach der Vermählung trifft ihr abgrundtiefer Haß die vier Kinder. Sie verwandelt sie in Schwäne. Für dreimal dreihundert Jahre sollen sie nach ihrem Fluche einsam und unstet auf dem Wasser leben, zunächst auf dem See, später in einer kalten, stürmischen Meeresbucht, danach auf noch kälterem, tobendem, grenzenlosem Meere. Das Leid der Schwäne ist groß, aber nichts und niemand ist da, um sie zu trösten. Den einzigen Trost, den sie haben, ist es zu singen. Sie singen, weil es in ihnen wie Feuer brennt und sie auf dem Wasser umhertreibt wie rastloser Wind. Sie haben ihr lichtvolles Reich für immer verloren. Deshalb singen die irischen Schwäne.

Mir fiel dieses alte Märchen der Insel ein, als ich am Ufer stand und zwei Schwäne auf dem Meer schwimmen sah. Die Zeit ihrer Erlösung naht noch lange nicht! Dreimal dreihundert Jahre! Seit einem halben Jahr hockte Tibbot im Kerker von Dublin. Und ich konnte seine Mauern, seine Ketten, seine Schmach nicht sprengen. Niemals zuvor habe ich mich so hilflos gefühlt wie damals. Ich hob den Kopf und schaute über das Meer hinweg, so weit ich konnte. England lag irgendwo dort hinten. Und London. Wo Elisabeth Tudor lebte. Man nannte sie die jungfräuliche Königin. Wie kann eine Frau ein Reich regieren, ohne Mutter zu sein? Wie kann sie fühlen, was es heißt, wenn einer Mutter ihr Sohn weggenommen wird? Owen und Murrough hatte sie mir durch Hinterlist genommen. Tibbot durch Verrat. Wie kannst du fühlen, Tudor-Weib, schrie ich über das Meer, wie sehr mich das schmerzt? Hörst du mich? Wie kannst du überhaupt fühlen, ein Mensch sein, ohne geboren zu haben?

An jenem Abend ließ ich Tibbots Lehrer von Murrisk kommen und diktierte ihm einen Bittbrief an die Königin von England.

»Schreib«, forderte ich ihn auf, »daß ich eine Adelige sei, so wie sie auch, und daß ich als Sept meines Clans seit Jahrzehnten für viele Menschen Sorge tragen müsse, wie sie auch, und daß ich mit all meiner Kraft englische Feinde von Irlands Küsten fernhalten werde. Schreib weiterhin, daß Sir Richard Bingham, der Gouverneur von Connacht, mir fast mein ganzes Vieh von den Weiden habe stehlen lassen. Aber das könne ich verschmerzen, wenn nur mein Sohn Tibbot, der im Kerker von Dublin schmachtet, wieder freikäme. Schreib, daß ich …«

»Bingham wird ihr sicherlich mitteilen, daß du den Abt von Murrisk ermordet hast. Er schreibt monatlich einen Brief an seine Königin«, sagte Ulick, der in die Halle trat.

»Das kann mich nicht schrecken. Der Abt von Murrisk war ein Schuft, der seine verdiente Strafe erhalten hat.«

Mein augustinischer Mönch zog zweifelnd seine Augenbrauen zusammen. Dann hob er seine Stimme:

»Nur Gott hat das Recht, den Frevler zu strafen.«

»Das geht mir oft zu langsam«, erwiderte ich und unterzeichnete den fertiggestellten Brief an Elisabeth Tudor.

Vier lange Monate des Wartens vergingen, ohne daß Elisabeth aus dem Tudor-Clan mir eine Antwort gegeben hätte. Ich hatte meinen Brief an sie dem Kapitän eines holländischen Schiffes anvertraut. Er wiederum kannte einen Mann in London, der seinerseits Kontakt zu einflußreichen Leuten aus dem Umfeld der Königin hatte. Auf diesem Wege mußte sie mein Bittbrief erreicht haben. Aber es kam keine Antwort von ihr. Noch einmal wartete ich sechs qualvolle Wochen ab. Die Engländer besaßen Kuriere in Irland, die mir eine Botschaft ihrer Königin unverzüglich zugestellt hätten. Nichts geschah.

Nun gut, Elisabeth Tudor, sagte ich zu mir. Wenn es auf diesem Wege nicht mit dir geht, dann werde ich eben zu dir kommen müssen.

Ich hatte meinen Gedanken wohl laut ausgesprochen.

Ulick, der bislang noch schläfrig neben mir gelegen hatte, fuhr plötzlich hoch und setzte sich im Bett auf.

»Was?« entfuhr es ihm. »Was redest du da? Du willst nach London, zu Elisabeth? Das kann nicht dein Ernst sein. Granuaile!«

Ulick nannte mich immer Granuaile, wenn es seiner Meinung nach etwas Ernsthaftes zwischen uns zu klären gab.

»Sag mir, was ich anderes tun soll, um das Leben Tibbots zu retten?« fragte ich leise.

»Aber das ist Wahnsinn, Grania. Du bist in England als Feind der Krone bekannt. Sie werden dich öffentlich aufknöpfen, wenn du kommst!«

Ich schüttelte meinen Kopf.

»Die heißen mich einen Feind der Krone schon seit vielen Jahrzehnten. Aber ich bin noch immer lebendig. Und solange ich lebendig bin, muß ich alles tun, was in meiner Macht steht, um den Clan der O'Malleys zu schützen. Tibbot schwebt in Lebensgefahr. Gleichzeitig ist er meine Zukunft. Ich muß – ich kann gar nicht anders – als mein Leben für seines in die Waagschale zu werfen. Und sie ist unsicher genug!«

»Mir war klar, daß ich dich nicht würde überzeugen können«, seufzte Ulick.

»Sieh es doch mal so«, fuhr ich fort. »Wir segeln nach London, und ich werde Elisabeth Tudor einmal zeigen, wie eine richtige gälische Fürstin ausschaut. Durch mich wird sie erkennen, daß wir nach wie vor aus Eisen sind und nicht verweichlicht wie ihre Speichellecker. Sie wird erkennen, daß wir noch hier sein werden, wenn sie und ihre Leute längst zu Staub zerfallen sind. Elisabeth Tudor soll endlich leibhaftig vor Augen sehen, gegen wen sie eigentlich kämpft.«

»Aber du hast ihr doch geschrieben, daß du Englands Feinde von Irlands Küsten fernhalten willst?«

»Das ist richtig. Ihre Feinde sind auch meine Feinde, sobald sie Hand an mein Land legen. Aber ich habe ihr doch nicht geschrieben, daß ich Irlands Feinde nicht auch aus dem Lande werfen würde«, sagte ich lachend.

»Ich sehe, du bist immer noch lebendig, Grania«, meinte Ulick und schüttelte den Kopf. »Und du kämpfst nach wie vor mit dem Herzen einer echten Piratin!«

22 Die Reise nach London

Mein Flaggschiff wurde für die weite Reise fertiggemacht. Dazu gehörte vor allem genügend Proviant, Wasser und Waffen. Finola, Ulick und weitere hundertzwanzig Männer begleiteten mich auf dieser Fahrt ins Ungewisse. Wir nahmen zunächst Kurs auf Clare Island und segelten dann in einem weiten Bogen an Galway und den Aran-Inseln vorbei. Immer auf der Hut vor Binghams Kriegsschiffen, hielten wir uns lange Zeit abseits der üblichen Schiffahrtswege, und hatten Glück. Der Gouverneur von Connacht war sicherlich gerade irgendwo in eine andere Schlacht verwickelt. Jedenfalls begegneten wir keinem einzigen seiner Schiffe. Das Wetter war sonnig. Der Wind stand gut und der Atlantik war freundlich wie selten. Was wollten wir mehr?

Zügig blies es uns nach Süden. Wir fuhren am berühmten Skellig Michael vorbei, der sich wie ein großer Kegel aus dem ihn umbrandenden Meer erhebt. Der Berg ist heiliges Terrain. Über hundertachtzig Stufen führen hinauf zu den Mönchen, die auf einer abgeflachten Stelle in bienenkorbähnlichen steinernen Hütten hausen. Ihre Kapelle besitzt das Aussehen eines umgestülpten Bootes. Alle Bauten sind aus flachen Steinen zusammengefügt, die keinen Regen durchdringen lassen. Im Innern sind diese Behausungen so einfach und eng, daß seine Heiligkeit, der Papst in Rom, darin sicherlich nicht ein vernünftiges Gebet zustande brächte. So elendig schauen wohl nicht einmal die Lauben im Garten seines Palastes aus. Dort oben hocken nun die frommen Mönche jahrein, jahraus, inmitten des sturmgepeitschten Meeres, umgeben von Vogelgeschrei bei jedem Wind und Wetter.

Einige von ihnen sollen sich nur von Kräutern ernähren. Andere wiederum besteigen ein Boot und lassen sich steuerlos, aber betend, auf die offene See hinaustreiben … um zu sterben.

Weiter ging es um die Südspitze Irlands herum, am »Old Head of Kinsale« vorbei. Von dort nahmen wir Kurs auf die Scillies, die vor der Küste Englands liegen. Die Bewohner dort waren berüchtigte Strandräuber, die vorbeifahrende Schiffe durch falsches Signalfeuer auf gefährliche Riffe und Klippen lockten, damit sie untergingen. Was danach aus den geborstenen Schiffsleibern quoll und an den Strand gespült wurde, rissen sie mit gierigen Händen an sich. Auch uns lockte im Vorbeifahren ein böses Irrlicht. Aber ich erinnerte mich noch rechtzeitig an Black Oak's Warnung, der schon vor vielen Jahren diese tückischen Gewässer befahren hatte. Irgendwann hatte er mir von den Scillies und ihren verbrecherischen Bewohnern erzählt, und ich hatte kein einziges Wort davon vergessen. Das Meer vor diesen Inseln war zum Grab vieler Schiffe geworden. Meines sollte nicht dazugehören.

Geschickt wichen wir auch immer wieder englischen Schiffen aus. Auf diese Weise gelangten wir ohne Gefahr in die breite Themsemündung und fuhren auf dem Fluß hinauf direkt nach London.

Die Stadt war grauenhaft. Schon auf der Themse

herrschte ein Schiffsverkehr, wie ich ihn niemals zuvor erlebt hatte. Aus allen Ländern Europas kamen hier Menschen zusammen; Händler, Reisende, Diebe und Verrückte. Das dunkle Wasser der Themse wurde von den Abwässern der großen Stadt gespeist und stank auch so. Mehr als 200 000 Menschen sollten London bevölkern. Es war unvorstellbar. Wir hatten einen Ankerplatz für unser Schiff gefunden, und ich stieg mit einigen Männern auf den gemauerten Hafenkai. Dichtes Treiben umfing mich augenblicklich. Alle Sprachen der Welt wurden hier gesprochen. Ich sagte: »Es fällt mir schwer zu glauben, daß hier Menschen freiwillig leben wollen – zusammengepfercht wie Heringe in einem stinkigen Faß, inmitten von Lärm und Verbrechen.«

»Die Menschen hier haben vielleicht keine andere Wahl«, vernahm ich eine Stimme.

Ich drehte mich um. Dort stand ein junger, etwa dreißigjähriger Mann, vornehm gekleidet, und er lächelte mich an.

»Ich denke, daß Elisabeth Tudor alles schöne Land für sich beansprucht und für ihre Untertanen nur dieses verkommene Fleckchen Erde übrig hat«, sagte ich betont langsam und ohne meine Augen von dem faszinierenden Gesicht des Mannes abzuwenden. Ich hoffte, daß er mein miserables Englisch verstand, von dem ich nur wenige Brocken beherrschte.

»Sieh an, eine Irin«, sagte er immer noch lächelnd. »Und mutig obendrein.«

»Und Kapitänin eines Schiffes«, fügte ich hinzu.

Daraufhin bekam er große staunende Augen und wollte wissen, wer ich sei. Da er ziemlich gut Latein sprach, fiel eine Verständigung zwischen uns nicht schwer. Ich lud ihn ein, an Bord zu kommen, was er dankend annahm. Als er den Grund meines Besuches in London hörte, rief er überrascht aus:

»Bei Gott! Was für eine Kühnheit, die Königin in dieser Angelegenheit aufzusuchen. Soviel Mut verdient es, belohnt zu werden. Zufällig kenne ich den Grafen von Ormond, Black Thomas, der bei Elisabeth in hoher Gunst steht. Ich werde gleich heute abend mit ihm sprechen, um ihm dein Anliegen, Granuaile O'Malley, vorzutragen. Black Thomas wird dir sicherlich helfen. Denn die Königin weilt nicht in London.«

»Nicht in London?« fragte ich bestürzt.

Der Fremde nickte.

»Um diese Jahreszeit hält sie sich bevorzugt in ihrem Schloß in Greenwich auf. Dorthin wirst du gehen müssen. Aber warte erst einmal ab, was Black Thomas sagt.«

Ich bedankte mich bei dem freundlichen Engländer, dessen Namen ich nicht einmal kannte.

»Ach«, entfuhr es ihm. »Ich bin nicht so wichtig. Bin nur ein fast mittelloser Schriftsteller. William heiße ich. William Shakespeare.«

Ich drückte ihm fest die Hand.

»Hab Dank, William Shakespeare.«

Er verabschiedete sich, und ich sah ihm ein wenig wehmütig nach. Ein junger Schriftsteller war er. Ein Künstler. Wie die einzige große Liebe meines Lebens. Wie Huw. Ach, Huw, seufzte ich. Wie würde dir das hier wohl gefallen?

Ein paar Tage verstrichen, bevor wir Nachricht vom Grafen von Ormond erhielten. William übergab uns einen Brief, den wir bei Hofe in Greenwich vorzeigen sollten. Alles weitere sei dann geregelt. Die Königin würde Grace O'Malley empfangen. Als ich mich von unserem Gönner verabschiedete, drückte er mir noch einen zweiten Brief in die Hand. Verwundert wollte ich ihn öffnen. Doch William legte seine Hand zögernd auf meine.

»Jetzt noch nicht. Lies ihn, wenn du nach Rockfleet Castle zurückgekehrt bist. Es ist ein Gedicht von mir. Ich habe es dir gewidmet. Ich schrieb es eigens in lateinischer Sprache nieder.«

Hatte nicht auch Huw mir noch zuletzt ein Gedicht geschenkt? *Aber der Morgennebel stirbt mit einem Lächeln …* Ich war gerührt. William verabschiedete sich von uns, wünschte mir Glück, dann verschwand er in der Menge, aus der er vor Tagen so überraschend und hilfreich für uns alle aufgetaucht war. Hab Erfolg, junger Dichter, wünschte ich ihm in Gedanken. Dann segelten wir mit dem Schiff die Themse hinunter zu unserem letzten Ziel in England.

23 Granuaile und Elisabeth

Greenwich Castle war ein langgestrecktes verwinkeltes Gebäude, dessen mächtige Schutztürme nahe dem Fluß errichtet worden waren. Elisabeths Schloß lag inmitten eines Parks mit hohen alten Bäumen und malerischen Wiesen. Abseits des Straßenlärms des gefräßigen Molochs London.

»Soviel Glas!« murmelte ich, als wir uns dem luxuriösen Sommersitz der englischen Königin näherten. Glasfenster waren in Irland eine solche Kostbarkeit, daß sie sich kaum jemand leisten konnte. Und hier war geradezu verschwenderisch mit dem teuren Material umgegangen worden. Je weiter wir in die Nähe Ihrer Majestät gelangten, desto öfter mußten wir gut gedrillte Wachen passieren, die uns eine Menge von mißtrauischen Fragen stellten. Aber der vorgezeigte Brief vom Grafen Ormond öffnete Tore und Türen für uns. Ulick, Finola und drei Männer, die ich schätzte, begleiteten mich auf meinem Gang zur Königin von England. Je näher wir ihrem Audienzsaal kamen, desto kostbarer wurde die Einrichtung und Ausschmückung der einzelnen Räume. Immer häufiger mußte ich darüber lächeln. Wurde mir doch mehr und mehr verdeutlicht, daß Elisabeth Tudor niemals ihre Zeit auf einem Schiff verbracht hatte. Denn sonst würde sie sich diesen unnötigen Plunder nicht aufhalsen. Irgendwie erinnerte sie mich in ihrer Gier nach Luxus an Margret, meine Tochter, die es auch liebt, sich mit unsinnigem Zeug zu umgeben. Ganz offensichtlich hatte sich auch das einsame Herz der kinderlosen Königin an vergänglichen Kram gehängt.

Schließlich öffnete sich vor uns die letzte Tür, und wir sahen uns endlich Elisabeth aus dem Tudor-Clan gegenüber. Sie saß auf ihrem Thron wie eine aus Eiche geschnitzte Statue. Ihr Gesicht war weiß wie frisch gefallener Schnee. Und sie war so mager wie das Gerippe einer Gans. Ich hätte diese dünne Kreatur von ihrem Sitz hochheben und über meinem Knie zerbrechen können. Nur der Blick ihrer Augen sagte mir, daß diese Königin alles andere als harmlos war. Ich hatte vor ihr stets auf der Hut zu sein, das war mir sofort klar. Um sie herum, im geziemenden Abstand, bücklingten mit unbewegter Miene ihre Höflinge – zu absolutem Schweigen verurteilt. Sie taten alle Tage nichts anderes, als den Speichel Ihrer Majestät zu lecken, um in ihrer Gunst zu bleiben.

Elisabeth Tudor winkte mich näher zu sich heran. Ich ging, ohne zu zögern, auf sie zu, bis ich direkt vor ihr stand.

»Ich bin Granuaile O'Malley«, begann ich, ohne mich vor ihr zu verbeugen. Ich hörte förmlich, wie ihre Günstlinge vor Schreck den Atem anhielten.

War das eben ein geneigtes Kopfnicken gewesen? Ich

ANTHOLOGIA HIBERNICA.
VOL. II.

GRANA UILE introduced to QUEEN
Elizabeth.

*Grace O'Malley und Königin Elisabeth I.
(Titelseite der Anthologia Hibernica, V. II. 1793)*

wußte es nicht. Darum wiederholte ich meinen Namen zur Sicherheit noch einmal in Spanisch und in Latein. Dabei streckte ich ihr meine Hand entgegen, so wie es gälische Fürsten zu tun pflegen, wenn sie sich begrüßen.

Elisabeth rührte sich nicht. Ihre Günstlinge sahen fassungslos zu. Ich war wohl das sonderbarste Ereignis des Tages.

»Ich habe dir einen Brief geschrieben«, fuhr ich unbeirrt fort. Wieder meinte ich ein gnädiges Kopfnicken wahrzunehmen.

»Unser Sekretär hat Uns davon in Kenntnis gesetzt«, sagte sie plötzlich in lateinischer Sprache. So? Hat er das? dachte ich. Und warum hast du mir dann nicht geantwortet? Doch so direkt wollte ich Ihre Majestät nun auch wieder nicht fragen. Statt dessen sagte ich:

»Ich spreche zu dir wie eine Königin zur anderen. Du gebietest hier, so wie ich in meinem Reich gebiete. Ich fordere dich auf, mich als dir ebenbürtig zu behandeln.«

Für einen Augenblick entstand Unruhe im Saal. Für Elisabeths Speichellecker hatte die irische Vorstellung am Vormittag nun ihren Höhepunkt erreicht. Jetzt gab es für sie nur noch zwei Möglichkeiten. Entweder befahl die Königin, mich und meine Begleiter auf der Stelle gefangennehmen zu lassen oder …

Elisabeth Tudor und ich blickten uns in die Augen. Nach einer langen Pause fragte sie schließlich:

»Was willst du von Uns?«

Auf der langen Fahrt von Rockfleet nach London hatte ich mir immer wieder überlegt, wie ich mein Anliegen in Worte kleiden sollte. Kurz oder lang? Ich konnte mich nicht entscheiden. Nun, als ich vor Elisabeth stand, begann ich einfach, indem ich ihr mein Leben schilderte, ihr von meinen Aufgaben, meinen Pflichten gegenüber dem Clan erzählte, daß ich Handelsschiffe nach Spanien geführt hatte, um das karge Leben der Menschen, die mich zu ihrer Anführerin gewählt hatten, zu verbessern. Ich erzählte von Tibbots Geburt auf offener See und verschwieg Elisabeth nicht, wie sehr mich seine nun fast einjährige Gefangenschaft niederdrückte. Ich erzählte von den maßlosen Untaten ihres Abgesandten – Sir Richard Bingham – und bat sie am Ende eindringlich, Tibbot die Freiheit zurückzugeben.

Als ich geendet hatte, blickte sie mich zunächst eine Weile schweigend an. Dann erwiderte sie:

»Ich habe noch niemals eine Frau wie dich kennengelernt, Grace O'Malley. Dies ist eine Welt von Männern. Ich glaubte bisher, ich sei in ihr allein. Doch nun sehe ich …«

Elisabeth Tudor brach ab. Vielleicht war ihr aufgefallen, daß sie vom königlichen *Wir* zum persönlichen *Ich* gewechselt hatte. Vielleicht erschrak sie deswegen über sich selbst. Ich weiß es nicht. Jedenfalls verfiel sie plötzlich in Schweigen.

Jetzt erst registrierte meine Nase die Ausdünstungen im Raum. Der prunkvolle Audienzsaal stank nach Schweiß, Parfüm und gepuderten Perücken. Ich mußte niesen. Elisabeth reichte mir wortlos ihr seidenes Taschentuch. Ich benutzte es und ging zum Kamin, um es dort in das schwelende Feuer zu werfen.

»Es besteht aus kostbarer Seide. Wie kannst du es da wegwerfen?« hörte ich plötzlich ihre Stimme hinter meinem Rücken. Ich wandte mich ihr wieder zu.

»Bei uns in Irland verwenden wir Taschentücher nur einmal«, sagte ich. »Weil sie schmutzig sind.« Daraufhin schüttelte sie lächelnd den Kopf. Doch abrupt wurde ihre Miene wieder undurchdringlich majestätisch.

»Wir werden dich morgen wissen lassen, wie Wir über dein Anliegen entschieden haben, Grace O'Malley.«

Die Audienz war beendet.

154

Man stellte uns zwei Räume zur Verfügung. Waren wir nun Gäste der Königin oder ihre Gefangenen? Niemand sagte es uns. Nur Greenwich verlassen, das durften wir nicht. Erst, wenn uns Elisabeth Tudor ihre Entscheidung mitgeteilt hatte.

»Sind wir in Gefahr, Grania? Sollen wir zu fliehen versuchen?« fragte Ulick.

»Nein!«

Ehrlich gesagt, ich konnte nicht einschätzen, ob uns Gefahr drohte. Nur – falls wir schon jetzt Gefangene sein würden, dann war ohnehin alles verloren. Rockfleet, Tibbot, wir!

»Ihre Majestät ist nicht so stark, wie sie sich gibt«, murmelte Finola.

Die Nacht schien mir endlos zu werden, und der Regen hörte nicht auf. Bei Tagesanbruch schob sich eine blasse Sonne durch die dichte Wolkendecke. Nebel hing über dem Fluß und erinnerte mich an Zuhause.

Wir hatten alle die Nacht in unserer Kleidung verbracht. Mein Haar fiel mir unordentlich ins Gesicht und auf die müden Schultern. Bei der Audienz hatte ich es zu einem Knoten im Nacken gebunden getragen.

Wie würde dieser Tag wohl enden, überlegte ich.

Dann vernahm ich ein zaghaftes Klopfen an der Tür. Ein Diener mit einer kleinen Holzschachtel aus Olivenholz trat ins Zimmer. Er öffnete sie, und ich blickte auf ein zusammengerolltes Stück Pergament. Es trug das königliche Siegel. Meine Hände zitterten, als ich es aufbrach. Das Pergament entrollte sich wie von selbst in meiner Hand. Es war in Latein geschrieben. Ich atmete auf. Ohne den Inhalt von Elisabeths Schreiben zu kennen, wußte ich, daß wir gewonnen hatten. Wäre es in Englisch verfaßt gewesen, dann hätte ich sofort begriffen, daß uns alle Türen verschlossen geblieben wären.

Ich las das Dokument laut vor. Elisabeth Tudor betrachtete mich als loyal gegenüber der Krone. Ich durfte von Richard Bingham nicht mehr als Feindin Englands bezeichnet und verfolgt werden. Aber das Wichtigste war: Tibbot sollte unverzüglich freigesetzt werden. Eine Abschrift dieses Briefes ging auch an den Gouverneur von Connacht.

»Der wird vor Wut kochen«, meinte Ulick, »wenn er die Anweisungen seiner Königin zu lesen bekommt.«

»Das wird er!« erwiderte ich. »Wir sollten ihn deshalb mit diesem Schmerz nicht allein lassen.«

So machten wir uns siegreich auf den Weg zurück, von England nach Rockfleet.

24 Gespräch in der Dämmerung

Bei dieser Reise erinnere ich mich vor allem daran, daß am zweiten Tag Finola zu mir in eine windgeschützte Ecke am Heck des Schiffes kam. Wortlos kauerte sie sich neben mich auf die harten, doch im Laufe vieler Jahre vom Salzwasser arg zerfressenen Planken. Beide schauten wir in die beginnende Abenddämmerung, die sich vom Westen her allmählich über die ruhig daliegende See ausbreitete. Doch irgendwie wanderte mein Blick plötzlich zu der Frau neben mir, die so ganz in sich zu ruhen schien. Und unvermittelt fragte ich sie: »Wenn ich zurückblicke auf alles, was gewesen ist, habe ich dann irgendwo gegen meine Bestimmung verstoßen?«

Es war das, was sie mir vor einem Menschenalter in Bunowen als das Schrecklichste hingestellt hatte, was einem

Wappen der O'Malleys

Menschen passieren konnte: gegen seine Bestimmung zu verstoßen.

Finola blickte mich nur kurz von der Seite an. Dann schienen ihre grauen Augen wieder einen imaginären Punkt am dunklen Horizont aufzusuchen.

»Das wirst nur du allein entscheiden können«, brach sie ihr Schweigen. »Zweifellos bist du eine Frau des Meeres, wie ich nie eine zweite gesehen habe. Und du bist eine Frau, die Macht hat, so wie es die Männer haben. Auch Elisabeth Tudor ist eine Frau mit Macht. Aber sie mußte sie sich nicht so blutig erkämpfen wie du. Du hast dein Leben lang kämpfen müssen, Grania, und viele Menschen haben durch dich ihr Leben verloren. Wie oft habe ich Blut aus deiner Kleidung waschen müssen! Vielleicht hast du dich sogar manchmal im stillen gefragt, ob ich nicht mit dir habe tauschen wollen? Nein! antworte ich dir. Nicht, weil mir dein Leben mißfiele, sondern weil meine Bestimmung eine andere ist. Du schaust und handelst. Ich schaue und lasse die Dinge bloß meine Augen berühren. So ist mein Leben. Und so töte ich niemals, Grania, auch wenn dies in unserer Zeit manchmal die einzige Möglichkeit zu sein scheint, um selbst zu überleben. Du kannst es, doch muß es dich deswegen nicht unbedingt schlechter machen. Allerdings habe ich damals geweint, als ich hörte, daß du wegen Huws Tod den ganzen Clan der Mac Mahons niedermetzeln ließest. Wenn das bedeutet, Politik zu machen, wie es die Engländer nennen, dann ist es ein durch und durch schmutziges Geschäft. Damals, Grania, bin ich dir eine Zeitlang aus dem Weg gegangen. Vielleicht erinnerst du dich noch daran? Doch in den Jahren danach habe ich auch erfahren, daß es dir, bis auf dieses eine Mal, immer um das Wohl deines Clans gegangen ist. Ich habe auch erfahren, wie häufig du gezwungen wurdest, die Klinge, die Kanonen oder die Pistolen gegen andere zu gebrauchen. Andernfalls wärest du und dein Clan vernichtet worden. Du mußtest so handeln, um andere zu schützen. Die Menschen, die dich lieben, deine Kinder … Ich, Finola, hätte es niemals so gekonnt. Aber ich habe auch nicht dein Leben leben müssen, Grania. Ich habe nicht soviel Verantwortung wie du für andere tragen müssen. Und wenn du mich jetzt fragst, ob dies deine Bestimmung gewesen ist, dann kann ich dir nur antworten, daß du niemals eine andere hättest sein können, als diejenige, die du bis auf den heutigen Tag gewesen bist.«

Jetzt war es an mir, zu schweigen und über Finolas Worte nachzudenken. Die Sonne hatte sich längst zu den Wassern der Nacht begeben. Das Meer glich im hellen Licht des Mondes einem riesigen Feld, das unsichtbare Pflugscharen unermüdlich umgruben. Es wurde kalt an Deck. Doch obgleich mich fror, saß ich noch eine geraume Weile dort hinten allein am Heck des Schiffes und ließ die vielfarbigen Bilder meines bewegten Lebens an mir vorüberziehen.

Die Black Oak's Tochter weint niemals, drangen längst vergessen geglaubte Stimmen an mein inneres Ohr. Ich habe es mir auch niemals erlauben wollen. Die Black Oak's Tochter lebt tränenlos …

25 »Mein Lied, dein Preis, hält der Zerstörung stand«

»Das ist nun gut zehn Jahre her«, beendete Granuaile ihre Lebensgeschichte. »Elisabeth Tudor, hörte ich, soll bis zu ihrem Tod im letzten Monat unter Schlaflosigkeit, Brustschmerzen und Gichtanfällen gelitten haben. Auch habe man ihr zuletzt soviel kranke Zähne ziehen müssen, daß ihre Günstlinge am Hofe sie nicht mehr gut verstehen konnten, wenn sie schnell sprach. Auf ihren Kopf soll sie rötlich-blonde Perücken gesetzt haben, weil sie fast glatzköpfig geworden sei. Sie war eine bedauernswerte Kreatur. Ich habe mitbekommen, daß sie von den Speisen, die man ihr reichte, nur wenig zu sich genommen hat. Aus Angst vor Giftanschlägen? Ihre Feinde planten, ihr eine Flasche mit giftigem Parfüm in den Weg zu werfen oder eine Räucherkugel vor ihr abzubrennen, deren schädlicher Qualm sie ins Jenseits befördern sollte. Was ist das für ein Leben, wenn man von vielen Menschen so gehaßt wird? Einerlei! Sie hat mir jedenfalls Bingham vom Hals geschafft und mir meinen Sohn zurückgegeben. Dafür soll sie meinetwegen in einer gütigeren Hölle schmoren. Von meinem Land hat sie ihre raffgierigen Finger jedenfalls nicht abwenden können. Im Gegenteil! 16 000 Soldaten und 1300 Mann zu Pferd hat sie noch zusätzlich vor zwei Jahren nach Irland geschickt. Will sie uns ausrotten? Ich für meinen Teil habe ihr jedenfalls einen guten Kampf geliefert, denke ich. Nach mir müssen nun andere folgen.«

Das waren die letzten Worte, die ich von Granuaile hörte. Ein paar Tage später mußte ich zu meinem Onkel nach Tuam reisen. Dieser Onkel war ein großer Glücksfall für mich, weil er als reicher Tuchhändler auch genügend Pergament, Feder und Tinte besaß. Ich brauchte nicht lange darum zu betteln. Onkel Seamus liebte mich wie seinen eigenen Sohn, den er niemals bekommen hatte. So schenkte er mir die teuren Pergamentrollen, auf denen ich Granuailes Lebensgeschichte niederschreiben konnte. Es war alles andere als einfach. Die Mönche von Murrisk hatten mir zwar Lesen und Schreiben beigebracht, aber das machte mich noch lange nicht zu einem guten Chronisten. So ging die Arbeit anfangs nur stockend voran. Doch plötzlich schien es mir, als blickte Granuaile mir dabei über die Schulter und erzählte mir noch einmal von jenen Ereignissen, an die ich mich nicht mehr so genau erinnerte.

War Huw nun mit einem holländischen Schiff vor Achill aufgelaufen oder mit einem französischen? Mein Ehrgeiz, nichts zu verfälschen, wuchs von Pergament zu Pergament. Und Granuaile schien mir unsichtbar scheinbar Vergessenes zuzuflüstern. Und obwohl ich die Piratin nur als eine Frau kannte, die meine Urgroßmutter hätte sein können, sah ich sie plötzlich vor mir, wie sie mit acht, vierzehn, zwanzig, vierzig und all ihren Jahren gewesen sein mußte. Sie wurde für mich so lebendig, als hätte ich sie ihr Leben lang begleitet. Und da fühlte ich auf einmal, wieviel diese alte Frau in ihrem sicheren Turm am Meer mir zu sagen hatte. Durch sie entdeckte ich meine Liebe zur See. Hoffte mein Onkel Seamus auch, daß ich einst in seine Fußstapfen treten würde, so wußte ich, daß meine Bestimmung das Meer sein würde. Durch Granuailes Lebensgeschichte, die ich aufschrieb, wurde dieser neue und ferne Horizont für mich greifbar. Plötzlich stand es mir klar vor Augen, daß ich wie sie, ohne Wankelmut und Ratlosigkeit, mein Leben in die Hand nehmen wollte. Die Frau des Meeres hatte mir ein Zeugnis dafür gegeben, daß dies möglich war. Dafür bin ich ihr mein Leben lang dankbar gewesen. Und auf einmal konnte ich es kaum mehr erwarten, von Tuam nach Rockfleet zurückzukehren. So vieles hatte ich Granuaile noch zu fragen.

Aber als ich nach zwei Monaten wieder den Turm betrat, war Grania für immer von uns gegangen. Die alte Finola erzählte mir davon.

»Sie wollte nicht im Bett sterben, wie Elisabeth Tudor. Sie wollte aufs Meer hinausfahren. Es war ein schöner Maimorgen. Da wählte sie ein Boot ganz allein für sich aus und segelte von Rockfleet fort. Vorher hatte sie sich noch von mir verabschiedet und gesagt: ›Erinnerst du dich noch

Das Grab Grace O'Malleys auf Clare Island

daran, Finola, als du mir die Geschichte vom Ozean erzähltest? Und davon, daß Leben und Tod als ein Name geschrieben werden müssen?‹ Wir umarmten und küßten uns, und daraufhin stieg sie in ihr Boot.«

»Wohin ist sie gefahren?« fragte ich Finola.

Sie zuckte mit den Schultern.

»Weiß ich es? Sicherlich ist sie an Murrisk vorbeigekommen, wo sie Schreiben und Lesen gelernt hat und ihr zweimal so übel mitgespielt worden war. An Clare Island, wo sie aufgewachsen ist, und wo ihr Vater begraben liegt, dem sie soviel verdankt. An Kildawnet Castle vorbei, wo ihre Enkel leben und an Achill. Sie wird sich von den Winden hinaus aufs Meer treiben lassen haben. Vielleicht gelangte sie an die Stelle, wo Huw auf ewig im Bauch der See ruht. Oder sie ist noch weiter hinausgefahren.«

»Aber wohin?«

»Nach Tir-Nag-Og, dem wunderbaren Land der Elfen, das im Westen liegen soll. Dem Land, in dem man ewig lebt. Wer weiß?«

Finolas Rede klang sonderbar. Aber so war sie halt. An diesem Tage durfte ich noch einmal in Granuailes Zimmer gehen. Alles war noch so, wie sie es verlassen hatte. Auf dem alten französischen Stuhl, nahe dem Feuer, entdeckte ich ein Schriftstück. Es war das Gedicht jenes englischen Mannes, den Granuaile in London kennengelernt hatte. Sie mußte es wohl erst jetzt, am Ende ihres Lebens, gelesen haben. Es lautete:

Für Grace O'Malley (Dark Lady)

Wie Wellen eilen zu dem Kieselstrand,
So unsre Stunden ihrem Ende zu,
Und jede wird im Laufe überrannt
Von jeder nächsten, hastend ohne Ruh.

Einmal geboren in das Meer des Lichts,
Drängt jedes Leben nach der Reife hin,
Und ist's so weit, naht Dunkel schon und Nichts.
Und Zeit, die schuf, wird zur Zerstörerin.
Die Zeit zersticht der Jugend grüne Flur.
Gräbt Linien in die Stirn, wo Schönheit lag,
Zehrt an den Kostbarkeiten der Natur,

Und nichts besteht vor ihrem Sensenschlag.
Und doch trotz ich der grausam-harten Hand,
Mein Lied, dein Preis, hält der Zerstörung stand.

William Shakespeare*

* Entnommen der Ausgabe »William Shakespeare – Sonette. Epen und die kleineren Dichtungen.«, München ¹1968.

Nachwort

Grace O'Malleys Leben fällt in eine politisch schwere Zeit für Irland: mitten in den Kampf gegen England. Schon Heinrich VIII., der Vater von Elisabeth I., versuchte mit allen ihm zur Verfügung stehenden Mitteln, Irland zu unterwerfen. 1536 ließ er sich sogar in Dublin zum König ausrufen. Gleichzeitig brachte er die Reformation auf die Insel, die aber trotz Mißständen in Klerus und Kirche niemals im katholischen Irland Fuß fassen konnte, mit Ausnahme des Nordens der Insel.

Nachdem Elisabeth den englischen Thron im November 1558 bestiegen hatte, begann auf ihr Geheiß hin eine brutale »Besiedlungspolitik«. Sie hatte zur Folge, daß englische Protestanten sich in Irland niederließen, und zwar auf dem Grund und Boden von Iren, die kurzerhand verjagt oder getötet wurden. Die Iren nahmen das nicht kommentarlos hin. Die Jahre zwischen 1560 und 1600 wurden eine Zeit des Schreckens. Drei irische Aufstände metzelten die neuen Herren im Land unbarmherzig nieder.

Genau in diese Zeit fällt das politische Wirken von Grace O'Malley. Sie wurde um 1530 auf Clare Island geboren und starb wahrscheinlich 1603. Etwa vom Jahre 1560 bis zu ihrem Tode herrschte sie über weite Teile der Westküste Irlands und versuchte sie gegen die Übermacht der anstürmenden Engländer zu verteidigen. Für die Menschen, die in ihrem Gebiet lebten, war sie der einzige Schutz gegen Königin Elisabeths Machtgelüste.

Grace war eine überaus kluge Frau. Sie wußte, daß sie sich mit den Engländern niemals offen anlegen durfte, wenn sie überleben wollte. So attackierte sie mit kleinen, sorgfältig geplanten »Nadelstichen« Sir Richard Binghams Unterwerfungsversuche der Westküste und hatte Erfolg damit. Allerdings mußte auch Grace O'Malley zum Ende ihres Lebens erkennen, daß die Iren den Engländern auf Dauer nicht gewachsen sein würden. Zwei Jahre vor ihrem Tod wurden die vereinigten irischen Streitkräfte im Hafen von Kinsale am Heiligen Abend des Jahres 1601 vernichtend geschlagen. Danach war der Widerstand der Iren entscheidend gebrochen. Doch ist das englisch-irische Kriegsgeschehen bis auf den heutigen Tag immer noch nicht zum Erliegen gekommen. In Nordirland kämpfen nach wie vor Protestanten gegen Katholiken, Engländer gegen Iren. Mit der Teilung des Landes in eine Republik und in ein englisch regiertes Nordirland im Jahre 1925 gründete sich auch die IRA (Irisch-Republikanische Armee). Seither kämpft sie mit Bombenanschlägen und Terrorakten auch in der Bundesrepublik gegen die Teilung des Landes.

Kehren wir zurück zu Grace O'Malley. Sie war alles andere als eine bluthungrige oder brutale Frau. Allerdings ist sie auch keine Pazifistin gewesen. Sicherlich betrieb sie räuberische Aktionen zur See. Trotzdem hat sie mit den Piraten späterer Zeiten, die nicht besser als gemeine Straßenräuber waren, wenig gemeinsam. Sie mißhandelte oder quälte ihre »Opfer« niemals. Auch pflegte sie den »Gewinn« mit ihrer Mannschaft zu teilen, wobei auch immer noch ein Anteil an die Menschen fiel, die in ihrem Gebiet in Armut lebten. Dies und die Tatsache, daß sie sich als Frau in einer absolut von Männern regierten Welt zu behaupten verstand, wird wohl der Grund sein, warum die Iren noch heute mit Stolz von ihr sprechen. Nach wie vor sind unzählige Geschichten über Granuaile, Grania oder Grace im Umlauf. Während meiner vielen Besuche auf der Grünen Insel habe ich diese gesammelt. Daraus – und mit etwas dichterischer Freiheit – habe ich das vorliegende Buch geschrieben.

Zu Dank verpflichtet bin ich auch Anne Chambers, deren

wissenschaftliche Arbeit über Grace O'Malley, wie auch ihr persönlicher Rat, mir eine große Hilfe gewesen ist.

Niemand weiß heute zu sagen, wie und wo Grace O'Malley gestorben ist. Manche Forscher vermuten, daß ihre Gebeine in der Familiengruft auf Clare Island beigesetzt wurden. Von ihren zahlreichen Burgen erhebt sich nur noch Rockfleet Castle, als sei es für die Ewigkeit gebaut, am Rande der Clew Bay. Ihr Sohn Tibbot wurde 1629 auf dem Weg zur Abtei von Ballintober hinterrücks ermordet. Sein Grab kann noch heute in der Abtei besichtigt werden. Seine Mutter aber lebt in den Herzen der Iren weiter.

Franjo Terhart

Geschichtsdaten zum irisch-englischen Konflikt

1171 Unter dem Anglo-Normannen Richard de Clare, genannt »Strongbow«, landen die Briten an der irischen Ostküste und beginnen mit der Eroberung der Insel. Dreiviertel des irischen Bodens wird von normannischen Adeligen in Besitz genommen.

1235 Anglo-normannische Invasion nach Connacht (Westküste).

1509 Heinrich VIII. besteigt den Thron und beginnt, englische Siedler nach Irland zu schicken.

1530 Grace O'Malley wird auf Clare Island geboren.

1536 Das englische Parlament ruft Heinrich VIII. zum »König von Irland« aus. Er will die anglikanische Kirche in Irland durchsetzen.

1569–83 Zahlreiche Aufstände gegen die Engländer und deren Religions- und Besiedlungspolitik.

1588 Untergang der Spanischen Armada vor der Westküste Irlands.

1593 Am 6. September sucht Grace O'Malley Königin Elisabeth I. in ihrem Palast in Greenwich auf.

1601 Am Heiligen Abend des Jahres werden die von spanischen Truppen unterstützten irischen Streitkräfte im Hafen von Kinsale vernichtend geschlagen.

1603 Todesjahr von Grace O'Malley und Elisabeth I.

1604 Kolonialisierung Ulsters (Nordirlands) durch protestantische, schottische Siedler.

1649–50 Irland wird durch Oliver Cromwell blutig unterworfen. Viele Iren werden als Sklaven in die Karibik verschleppt.

1695 »Penal laws« – Katholikenverfolgung in Irland.

1801 Durch den »Act of Union« wird am 1. Januar Irland
untrennbarer Bestandteil Großbritanniens.

1845–46 Große Hungersnot. Vollständige Zerstörung der
Kartoffelernte. Die Bevölkerungszahl sinkt von acht
auf vier Millionen Menschen.

1916 Osteraufstand in Dublin, der nach vier Tagen von den
Briten blutig niedergeschlagen wird.

1918–21 Unabhängigkeitskrieg Irlands, der zur Gründung
des Freistaates Irland führt.

1925 Festlegung der Grenze zwischen Nordirland und der
Republik.

1937 Irland wird souveräner Staat.

1954 Gründung der IRA (Irisch-Republikanische Armee).

1968 Erste blutige Auseinandersetzung zwischen Katholiken und Protestanten in Nordirland.

1982 Bestrebungen Großbritanniens, Nordirland wieder
ein Parlament zu geben.

Erklärung wichtiger Begriffe und Namen im Text

Achterschiff: hinterer Schiffsteil.

Besansegel: Segel am hintersten Mast.

Brigg: zweimastiges kleines Segelschiff.

Crysolith: grüner Halbedelstein.

Cu Chulainn: legendärer irischer Held, so stark wie Herkules.

Curragh: ein aus geteerten Kuhhäuten und Lattenwerk bestehendes irisches Ruderboot.

Dagda: alt-irischer Gott, der seine Schöpfungskraft aus dem »Kessel der Fülle« schöpft.

Faden: Längenmaß, ein Faden hat sechs Fuß Länge, ca. 1,80 m.

Galeasse: größere Galeere oder: kleines Schiff mit Kiel und plattem Heck und einem kleinen Besanmast.

Gallone: englisches Hohlmaß, 4,54 Liter.

Karacke: zweimastiges großes Segelschiff.

Karavelle: mittelalterliches größeres Segelschiff.

Lug: Sonnengott der De-Danaans, der legendären Ureinwohner Irlands.

Shakespeare, William: (1564–1616) Viele Kritiker nennen ihn den größten Schriftsteller aller Zeiten. Schrieb neben berühmten Theaterstücken in den Jahren 1591–94 seine Sonette, die an eine geheimnisvolle »Dark Lady« gerichtet waren.

Stag: Halte-Stütztau auf Schiffen.

Tir-Nag-Og: Feenland, auch »Land des Todes« genannt.

Eigentlich beginnt diese Geschichte in Südfrankreich, wo der junge
Oliver mit seiner Familie Urlaub macht. Im Salon de Provence steht
Oliver plötzlich vor einem alten Haus: Es ist das Geburtshaus eines
berühmten Arztes und Sehers, der im 16. Jahrhundert gelebt hat. Fast
wie von selbst öffnet sich die Tür. Drinnen erwartet Oliver etwas
ebenso Überraschendes wie Unheimliches: ein Spiegel, in dem er
nicht nur sich selbst sieht, sondern noch viel mehr...
Von da an sieht er auf geheimnisvolle Weise Bilder, die von der
Zukunft berichten. Bilder, die ihn gleichermaßen erschrecken und
faszinieren.
Erst als Oliver mit seiner Familie nach Irland zieht und das Mädchen
Fiona kennenlernt, die sich gut auskennt in der irischen Sagenwelt,
begreift er langsam: er ist ein Yakomoth, ein Seher...

Franjo Terhart
LICHT HINTER DEM SPIEGEL

200 Seiten. Gebunden. ISBN 3-7903-0415-8

Georg
Bitter
Verlag

Postfach 10 02 65. 45602 Recklinghausen

Lese-Abenteuer
Abenteuer Lesen

Jean Craighead
George:
Julie
von den Wölfen

dtv junior

dtv junior 7351

Midas Dekkers:
Der Wal
in der Falle

dtv junior

dtv junior 70096

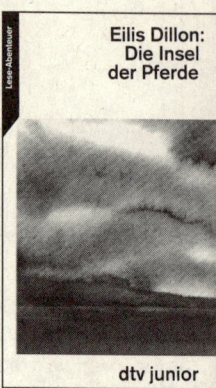

Eilis Dillon:
Die Insel
der Pferde

dtv junior

dtv junior 70142

Allan Campbell
McLean:
Ein Dieb im Dorf

dtv junior

dtv junior 70306

Nur bei Vollmond...
und weitere
Spukgeschichten
Ausgewählt von Aidan Chambers

dtv junior

dtv junior 70308

Erzählungen
für Jugendliche,
die Lesen
als Abenteuer
erleben.

Lese-Abenteuer
Abenteuer Lesen

Werner J. Egli:
Bis ans Ende
der Fährte

dtv junior

dtv junior 70159 Ab 12

Scott O'Dell:
Ich und Poseidon

dtv junior

dtv junior 70287 Ab 12

Katherine Allfrey:
Das Haus
am Deich

dtv junior

dtv junior 70294 Ab 12

Elisabeth G. Speare:
Im Zeichen
des Bibers

dtv junior

dtv junior 70103 Ab 12

Käthe Recheis:
Kleiner Adler
und Siebenstern

dtv junior

dtv junior 70300 Ab 12

Erzählungen
für Jugendliche,
die Lesen
als Abenteuer
erleben.

Erzählte Geschichte

Der Alltag von einst,
packend erzählt,
für Jugendliche von
heute.
Hier wird Sozial-
geschichte lebendig.

An Rutgers:
Die Kinderkarawane

dtv junior

dtv junior 7181

Othmar Franz Lang:
Hungerweg

Von Tirol zum Kindermarkt in Ravensburg

dtv junior

dtv junior 70283

Karin Grütter
Annamarie Ryter

Stärker,
als ihr denkt

Ein Kapitel verschwiegener Geschichte

dtv junior

dtv junior 70227

Els Pelgrom:
Umsonst geht nur
die Sonne auf

Eine Erzählung über Kinderarbeit vor 100 Jahren

dtv junior

dtv junior 70189

Betty Sue
Cummings:
Auf nach Amerika

dtv junior

dtv junior 70222